가는 것은 사랑이다.

"계절, 영화, 우정, 사랑 그런 이야기들"

고이즈러브

훈재

차례

8 프롤로그: 길 위에서 만난 사랑

1부 가는 것은

25 세잎클로버와 네잎클로버

31 윤슬, 별뉘 그리고 구름

36 여고생과 함께 글쓰기를

44 고 이즈 러브

56 삼프터 고백은 국룰이 아니다

62 취미는 달리기

69 단골, 대연동

74 김치찌개

78 위대한 개츠비와 월요일

83 슐린1

87 슐린2

94 웃어도 좋고 울어도 괜찮아

2부　사랑이다

103　무소식이 희소식이라는 말

107　만우절의 사랑

110　슬픔은 쌓여만 간다

112　사랑을 말하는 남자들

121　소나비와 거짓말

124　가벼움의 계절

125　열병

129　가을을 닮은 사람

133　사운드 워킹

138　달콤 쌉쌀한 크리스마스

144　따뜻한 소란

148　오겡끼데스까

164　에필로그: 나빌레라

프롤로그: 길 위에서 만난 사랑

처음으로 떠나본 국토대장정의 길 위에서 사랑을 만난 적이 있습니다. 가는 것은 사랑이라고, 어느 교회의 외벽에 부착된 알파벳이 그리 일러주었지요. 그날 친구와 나눈 대화, 자연이 내어준 풍경, 완주 후에 마신 생맥주는 흘러가는 삶이 사랑의 연속이었음을 알려주었습니다. 하루라는 작은 조각에 사랑이 그득했음을 말이죠.

행복에 단 하나의 정답은 없습니다. 《고 이즈 러브》는 만인의 정답을 설명하려고 쓴 글들이 아니라, 나만의 정답을 찾아 나서는 일상의 소박한 발걸음을 쓴 글들의 모음입니다. 거대한 이야기를 담지 않았습니다. 작은 이야기를 담았습니다. 하루를 살아가고, 계절을 유영하고, 사랑을 곱씹고, 사람과 엮그는 제 삶의 형체를 글로 통역했습니다.

제 이야기를 읽고 당신의 작고 고유한 생활을 떠올릴 수 있기를 소망합니다. 그럼으로써 당신이 보다 선명해질 수 있기를 응원합니다.

"멋쟁이 허수아비"

"갓꽃"

"낙동강의 윤슬"

"고 이즈 러브"

1부 가는 것은

세잎클로버와 네잎클로버

"세잎클로버와 네잎클로버의 꽃말을 아니?"

 지역 축제에 주차 요원으로 차출되어 팀장님과 단 둘이 입출입 차량을 통제하고 있을 때였다. 주차 차단기 받침대 쪽 지면에 세잎클로버가 꽤 수북이 자라나 있었고, 팀장님이 그쪽을 훑어보시더니 내게 물은 것이었다. 나는 네잎클로버의 꽃말은 알지만 세잎클로버에 대해선 잘 모른다고 대답했다. 그러자 팀장님이 씁쓸한 미소를 지으시고선 말했다.

"세잎클로버는 행복을 뜻하고 네잎클로버는 행운을 뜻한단다. 사람은 때로 보이지 않는 행운을 찾기 위해 눈앞의 행복을 짓밟는다는 게 우습지 않니?"

그 말을 듣고 어릴 적 기억이 떠올랐다. 꽁꽁 숨어있는 네잎클로버를 찾기 위해 세잎클로버 더미를 파헤쳤던, 네잎클로버는 결국 모습을 드러내지 않았던 그날이.

행복과 행운, 국어사전에서 둘은 유의어로 엮이지만 내게는 닮지 않은 서로다. 행복은 가깝고 행운은 멀다. 행복은 길고 행운은 짧다. 행복은 많고 행운은 적다. 행복에 비해 좋을 것이 없어 보이는 행운. 그럼에도 우리가 행운을 바라는 건 그 막대한 크기 때문일까. 단 한 번으로 인생이 바뀌어버릴 수도 있기 때문에. 그런데 옛날의 내가 파헤쳤던 세잎클로버의 더미 속에서 결국 네잎클로버를 발견하지 못했듯이, 행운만을 좇다가 눈앞의 행복을 저버린다는 건 무척 불행한 일이 아닐까란 생각이 들었다.

임순례 감독의 영화 〈리틀 포레스트〉를 보고 있노라면 일상의 행복을 돌아보게 된다. 극 중 혜원은 서울의 빡빡

한 현실에서 벗어나 자신의 소박한 고향 집에서 잠시 쉬어가기로 선택한다. 이 영화의 포인트는 영화 속 사계절 동안 혜원이 손수 만드는 계절 음식과 그 음식을 같이 먹는 친구들과의 잔잔한 우정이다. 한겨울에 먹는 수제비는 몸과 마음을 뜨끈하게 녹여주고, 여름철 친구들과 계곡에서 마시는 담금주는 청춘을 상기시켜 준다.

잠깐만 쉬고 간다는 혜원의 시골 생활이 어느새 사계절을 지나간다. 겨울이 와야 정말로 맛있는 곶감을 먹을 수 있다던 엄마의 옛말을 떠올리며, 혜원은 서울에서 잊고 있었던 행복을 발견하게 된다. 시간이 주는 선물이란 가을이 깊어짐에 따라 밤 조림이 맛있어지는 것과 같다고 말이다. 혜원의 말처럼 시간이 매일 우리에게 가져다주는 일상의 선물이야말로 세잎클로버이지 않을까.

새해를 맞아 책 친구들과 함께 금정산 고당봉에 올랐다. 동도 트지 않은 새벽 일찍부터 부랴부랴 해를 보기 위해 나섰다. 매년 이 시간에 꿈을 꾸고 있었는데, 올해에는 꿈을 빌고 싶었다. 고당봉 정상에 올라 영화 〈러브레터〉의 명장면처럼 새해를 앞에 두고 힘껏 외쳤다. 끝내주는 2024년이 되게 해달라고. 내 곁의 탐스러운 세잎클로버들을 사랑하게 해달라고. 소원이 이루어지고 있어서일까. 올해에는 시간의 선물을 잔뜩 즐기고 있다.

 겨울이 깊어지는 1월에 무주에서 스키를 탔다. 10년 전 이후로 처음이었다. 부산에서 보지 못한 하얀 눈을 한아름 눈에 담고, 그 눈에 자주 체중을 실어 스키 장비와 함께 파묻혔다. 기름진 겨울 방어회도 잔뜩 먹었다. 소주랑 함께 먹으니 더 감칠맛이 났다. 몽글해진 마음으로 소주나 위스키같이 독한 술에 자주 취했던 겨울이었다.

 봄이 피려 할 때는 향긋함이 가득 밴 미나리 삼겹살을 먹었다. 한입에 먹기 좋게 자른 삼겹살에 살짝 구운 미나리를 돌돌 감아 먹으니 그 맛이 일품이었다. 4월에는 경주의 벚꽃 마라톤 대회에 참가했다. 분홍색으로 만개한 벚꽃 나무 아래에서 봄을 만끽하며 뛰었다. 10km의 분홍 세상을 통과하고 나니 봄을 차곡차곡 소화한 느낌이 들었다.

 여름의 초입, 영화의 전당 야외 상영회에서 영화 〈라붐〉을 봤다. 소피 마르소의 귀에 헤드셋이 씌워질 때 큰 음향으로 퍼져 나오는 OST 〈Reality〉는 청춘의 감각을 자극했다. 여름은 MT의 시즌이다. 독서 모임에서 친해진 남자 멤버들과 경남 양산으로 MT를 갔다. 숙소에서 창밖을 바라보며 낮부터 내내 술을 마셨다. 자정 무렵, 황병기의 〈미궁〉을 들으며 서로가 꺼내놓은 무서운 이야기는 오래전 텔레비전에서 해주었던 납량특집 같았다. 서늘하면서 여름다워서 좋았다.

8월로 접어든 여름의 절정, 글로 만난 사람들과 청도에 놀러 갔다. 운문사 근처 계곡에 발만 담근다는 것이 어느새 평상을 빌리고 계곡물 한가운데서 본격적으로 자유형을 하고 있었다. 밤에는 서로 준비해 온 와인을 마셨고, 새로운 직장에 취업한 동료 작가를 위해 건배를 했다. 날은 뜨거웠고 마음은 따뜻했던 시간이었다.

어느새 처서가 지나가고 더위도 아주 느슨히 누그러지는 오늘이다. 아직 다가오지 않은 가을에는 어떤 세잎클로버들이 날 기다리고 있을까. 단맛 가득한 감말랭이와 제철로 제맛을 낼 전어회를 생각하면 벌써 입맛이 돈다. 집에서 와인을 마시며 영화 〈해리가 샐리를 만났을 때〉나 〈Her〉를 다시 음미해야지. 옷장 속에 숨어 있던 니트와 트렌치코트로 멋도 내야겠다. 주말에는 붉고 노란 단풍이 핀 동네 산에 오르고 절에도 들러야지.

와, 가을의 세잎클로버도 참 예쁘구나. 아, 그렇다고 네잎클로버를 무시하는 것은 아니다. 저마다 고유한 일상의 행복을 소중히 하면서 그러다 문뜩 네잎클로버가 발견된다면 더할 나위 없겠다. 그러나 오지 않는 당신을 무작정 기다리지는 않을 테야.

윤슬, 볕뉘 그리고 구름

 영화 〈소공녀〉에서 주인공 미소는 자신의 안식처로 딱 세 가지를 꼽는다. 담배, 위스키 그리고 한솔이. 방랑하는 여행자 미소에게는 집이나 돈보다도 일상에서 마주하는 친숙한 기호들이야말로 자신의 안식처. 영화에서 미소는 담배를 맛있게 피우고, 단골 바에서 글렌피딕 한 잔을 소중하게 음미하고, 남자 친구 한솔이를 정말 좋아한다. 그녀의 얼굴에 안온한 미소가 스친다. 이 세 가지로도 미소의 마음은 재워진다. 마음이 편안해지는 대상, 나의 '담배, 위스키 그리고 한솔이'는 무엇일까.

 요즘 자주 사진을 찍는다. 현재의 시선을 기록으로 남

기고 싶어서. 마음이 글로 기록된다면 시선은 사진으로 기록되는 것이니까. 시선은 마음으로 발화되고 어떻게 보면 사진은 마음과 시선 모두를 아우르는 기억 매개체일지도 모르겠다. 그러고 보니 내 앨범에는 부정을 담은 사진이 없다. 기분이 평화로울 때 주로 셔터를 누르는 편이다. 휴대폰 앨범을 뒤적이니 유독 가짓수가 많은 사진이 있었다. 윤슬, 볕뉘 그리고 구름이었다.

윤슬은 빛에 반짝이는 잔물결이다. 윤슬에 마음을 뺏긴 건 지난 연애에서였다. 해안가의 카페에서 바다를 보며 그녀가 말했다.

"윤슬 참 예쁘네."

윤슬의 존재를 알고 있었지만, 그 순간 바다의 반짝임은 유독 눈부셨다. 사랑의 렌즈 때문이었을까. 그날 이후로 바다든 강이든 빛으로 반짝이는 윤슬에 자주 시선이 갔다.

윤슬이야말로 자연의 보석이다. 누구에게나 똑같이 주어지는 공평한 보석이다. 바다 전망이 보이는 카페에서 커피를 마시며 그 눈부심을 바라만 보고 있어도 마음이 풍요로워진다. 어느 여름에 기장의 병산 저수지에 혼자 들렀던 적이 있다. 저수지를 둘러싼 길을 걷고 정자에 앉아 큰 못을 바라봤다. 그때의 윤슬은 보석비 같았다. 맑은 하늘에서 빛의 비가 내려 첨벙첨벙 작은 파문을 끝없이 만들어 냈다. 윤슬은 장신구 하나 없는 내게 유일한 보석이다.

볕뉘는 작은 틈을 통하여 잠시 비치는 햇볕이다. 글쓰기 모임에서 한 회원이 볕뉘를 주제로 단편 소설을 썼다. 그때 볕뉘라는 단어를 처음 알게 됐다. 볕뉘를 본격적으로 눈에 담게 된 건 영화 〈퍼펙트 데이즈〉를 보고 나서다.

주인공 히라야마는 매일 틈틈이 필름 카메라로 나뭇잎 사이 틈에 비치는 햇볕을 찍는다. 그 햇볕을 바라보며 셔터를 누르는 그의 표정이 참으로 안온해 보였다. 그는 왜 매일의 볕뉘를 수집하는 걸까. 거리의 가로수를 지날 때마다 히라야마의 마음이 되어보려 했다. 자주 고개를 올려 틈새의 빛을 발견했다. 그런데 올려볼 때마다 그 빛의 형상이 조금씩 달랐다.

고개의 각도에 따라서 일조량이 달랐고, 잎사귀마다 만

들어 내는 빛의 모양도 달랐다. 히라야마가 매일 똑같은 볕뉘를 필름에 담는 것이 아니었구나. 어떻게 보면 인생 같기도 하다. 매일이 똑같이 흘러가는 듯 보이지만 자세히 들여다보면 저마다 다른 하루의 연속이다. 오늘 흐르고 있는 강의 물줄기가 어제의 물줄기가 아닌 것처럼. 오늘 먹은 점심과 동료와 나눈 대화 그리고 읽은 책과 들은 노래가 어제와 다르듯이 말이다. 볕뉘는 오늘이 고유명사임을 깨닫게 해준다.

구름을 가장 많이 찍었다. 구내식당 앞에서 줄을 설 때도, 달리기하러 운동장에 갈 때도, 록 페스티벌에서 돗자리에 누워있을 때도 하늘의 구름을 찍었다. 맨 하늘보다는 흰 구름이 섞여 있는 하늘이 더 좋다.

계절마다 구름의 형상이 조금씩 다른데, 여름은 뭉게구름이 둥둥 떠다니는 계절이다. 뭉게구름은 상상을 자극시킨다. 저 큰 솜사탕 안에 신의 보금자리가 있을 것만 같다. 해질녘 붉은빛을 머금은 구름의 하늘은 영화의 CG 장면처럼 아름답다.

구름은 나그네처럼 하늘을 자유로이 방랑한다. 〈소공녀〉의 미소처럼 말이다. 직장에 묶여 있어서 사슬 없이 떠

도는 구름에 마음이 갔던 걸까. 다이어트할 때 먹방 유튜버의 영상으로 대리만족하는 것처럼. 구름에 여행자의 마음을 싣는다. 나의 대리인이 되어 오사카를 찍고 내친김에 유럽까지 다녀오기를. 구름으로 마음의 무게가 가벼워진다. 유달리 큰 구름은 사람들의 마음이 조금씩 붙어 살이 찐 것일지도.

  윤슬, 별뉘 그리고 구름으로 마음이 쉬어진다. 그러고 보니 이 세 단어 모두 고유어다. 이렇게나 예쁜 순우리말이라니. 거기다 매일 마주할 수 있는 고유함이다. 미소의 세 가지에 나의 세 가지를 포개어 본다. 일상이라는 의미에서 크게 어긋나지 않는 것 같다. 그렇담 나의 표정도 미소와 닮아있을까. 오늘도 윤슬과 별뉘 그리고 구름을 보았다. 아마 나는 웃고 있었던 것 같다.

여고생과 함께 글쓰기를

 아직은 여름처럼 습윤했던 어느 9월, 인생 처음으로 여고 교실에 발을 내디딘 적이 있었다. 한옥의 성지 전주에, 한복 데이트도 못 해봤던 그 전주에, 선생님으로서 첫 방문을 하게 된 셈이다. 일일 선생님 자격으로 아이들에게 글쓰기의 매력을 알려주기 위해서였다.

 평범한 월급쟁이가 되고 나서 익숙한 궤도 밖으로 벗어나는 기회가 오기는 할까. 동료 작가와의 인연 덕분에 늘 비슷했던 궤도를 이탈해 볼 수 있었다. 작가로서 초빙되었다고 하기에는 당시 내가 세상에 내놓은 책은 온라인으로 발행한 브런치북이 고작이었으니까. 여고로 나를 이어

준 인연은 '책만들어볼과'란 청년 프로그램에서 시작됐다.

몇 년 전 몇 번의 도전 끝에 브런치 작가가 됐고, 어른의 성장통을 담은 브런치북까지 발행했다. 남은 숙제는 종이책 출판이었다. 그때 '책만들어볼과' 청년 프로그램에 15명의 예비 작가들이 모였고, '데뷔 조'라는 조원들과 10주의 시간을 함께했다. 퇴사 후 백수 생활, 상록의 추억, 돈보단 꿈, 달리기, 어른의 성장통, 서로의 깊은 이야기로 엮인 우리는 금세 서로가 낯설지 않게 되었다. 프로그램이 끝나고도 안부를 주고받고 간혹 만났다.

여전히 직장인이었던 나는 책이라는 모형을 만들어내는 것에 만족했지만, 이들은 자신의 책을 더 다듬어서 세상에 내놓았다. 그리고 온갖 북페어 행사를 다니면서 직접 책을 홍보하고 판매했다. 전주 북페어 '전주책쾌'가 운명의 시발점이었다. 부스에 진열된 이들의 책을 본 어느 여고 선생님이 제안을 주신 것이다. 우리 아이들을 위해 수업을 해주지 않겠냐고. 그렇게 우리는 전주 유일여고의 일일 선생님이 되었다. 아, 물론 나는 맥주 피처에 달린 행사용품 견과류처럼 끼워 넣어졌지만.

9월이 성큼 다가와 여고생들을 만나는 날이 찾아왔다. 날이 제법 흐렸고 종종 비가 왔다. 전주 터미널에서 동료 작가님들과 만나 함께 택시를 타고 유일여고로 향했다. 오늘 자리를 마련해주신 김 선생님이 따뜻한 표정으로 우리를 맞아주셨다. 사전에 문자로 연락을 주실 때 느꼈던 인자한 느낌 그대로의 인상이었다. 우리에게 점심은 드셨냐며 같이 식사하자고 말씀하셨다.

선생님의 배려 덕에 모처럼 고등학교 급식을 먹어볼 수 있었다. 급식소로 향하는 길에서 만난 학생들이 우리에게도 공손히 인사했는데, 그 경험이 다소 낯설었다. 수줍게 인사를 건네는 학생들도 있었고, 개구쟁이처럼 인사를 건네는 학생들도 있었다. 학생들의 인사에서 순수가 느껴졌다. 사회화되지 않아서 미숙하고 그래서 피어나는 순수함이었다. 급식의 메뉴는 돈가스와 소시지볶음 그리고 우거짓국이었다. 금세 식판을 말끔히 비웠다. 오랜만에 맛본 정겹고 맛있는 점심이었다.

5교시 수업 시간이 다가오자, 학급의 반장 또는 부반장이 우리를 찾으러 대기실로 와주었다. 우리 반 학생을 따라 터벅터벅 교실로 향하는 길이 취업 면접장을 향할 때

보다 더 떨리는 것 아닌가. 아이들이 나를 반겨주지 않으면 어떡하지. 다 졸면 어떡하지. 첫사랑 얘기를 해달라고 하면 어떡하지. 교실에 들어서기 전까지 온갖 상상이 나를 긴장으로 옥죄었다. MBTI 'N'의 숙명인가. 1학년 6반 미닫이문을 열고 문지방을 넘어서자, 정사각형의 교실에 26명의 여고생이 날 기다리고 있었다. 떨리는 목소리로 자기소개를 했다.

"반갑습니다. 이번 수업을 맡게 된 훈재라고 합니다. 인생 첫 여고 방문인데 오게 되어 영광입니다."

딱딱한 자기소개를 끝내니 고작 1분이 흘렀을 뿐이었다. 수업에 주어진 50분이 만만치 않구나. 매일 교단에 서는 선생님들이 대단하다고 생각했다. 그래도 수업 직전보다는 마음이 한결 편해졌다. 준비해 온 PPT 자료를 스크린에 띄우고 오늘 수업 주제를 소개했다.

- 책을 내게 된 계기
- 책을 내고 좋았던 점
- 글쓰기의 행복

지방 방송이 몇 군데서 들렸고, 창가 쪽과 뒷자리에서 이마가 무거워지는 친구들도 있었다. 크게 괘념치 않았다. 점심 이후 5교시는 정말 나른하다. 오래전 나도 이 시간에 자주 고개를 처박았다. 허벅지 한쪽에 PMP를 올려두고 미드 〈로스트〉를 보기도 했다. 귀 기울여주는 학생들이 있다는 게 얼마나 고마운가. 아이들에게 좋은 이야기를 잔뜩 들려주고 싶었다.

내 브런치북은 불완전한 어른의 성장통을 다룬 이야기다. 30대가 되었고, 어느덧 어른이라 불리고 있는데, 무늬만 그럴듯한 빈 강정이지 않을까란 고민을 했었다. 짱구 아빠 같은 듬직한 어른을 꿈꿨는데 여전히 나는 서투름 투성이었으니까. 그런데 알고 보니 또래의 어른들이 비슷한 고민을 품고 있었다. 각자의 페르소나 때문에 알아차리지 못했을 뿐.

"새는 알에서 나오기 위해 투쟁한다. 알은 하나의 세계다. 태어나려는 자는 하나의 세계를 깨뜨려야 한다."

헤르만 헤세의 소설 《데미안》에서 제일 좋아하는 문장

이다. 어른이라는 알을 깨 나가는 나의 이야기를 담고 싶었다. 하나의 세계를 깨트리기 위해 부리를 쪼는 모습이 나만이 아닌 우리로 느껴지길 바랐다. 서툴러도 괜찮다고, 우리 모두 그렇다고. 학자금, 소개팅, 장롱면허, 이별 등 15편 정도의 글을 차곡차곡 모아 책으로 엮었다. 《깨깨깨깨깨부수고 싶어》, 내 첫 브런치북이다.

'왜' 글을 쓰게 됐을까. 글쓰기는 나를 알아야 하는 작업이다. 과거와 현재 그리고 미래를 끊임없이 오가야 한다. 진정으로 나와 가까워질 수 있는 수단이다. 행복은 나를 아는 데서 비롯된다고 믿는다. 맛있는 음식과 술, 좋아하는 책과 영화, 기뻤던 순간과 슬펐던 순간, 작지만 나를 이루는 것들을 의식할 수 있으면 사람은 선명해진다. 일상의 윤곽이 뚜렷해지고, 똑같이 주어지는 매일에서 그 사람은 특별함을 발견할 수 있다.

무라카미 하루키가 그런 사람이다. 나는 하루키 덕분에 글을 쓰게 됐다. 그의 글을 읽고 있노라면 평범하지만 특별한 그만의 하루에 블랙홀처럼 빨려 들어간다. 반짝이는 일상을 갖고 싶다는 마음으로 펜을 쥐게 되었다. 오늘 이 순간을 통해 학생들 중 한 명이라도 펜을 쥐게 된다면 정말 근사한 일이라고 생각했다. 그런 마음으로 글쓰기의 행복에 대해 주저리주저리 늘어놓았다.

수업의 갈무리에 다다랐을 때, 일상을 담은 하루키의 글을 유인물로 나눠 주었다. 〈굴튀김 이론〉이라는 글인데, 하루키가 추운 겨울날 해질녘에 단골 레스토랑에 가서 굴튀김을 시키는 단순한 내용이다. 그 단순함 속에 이 사람의 기호와 특별함이 잔뜩 배어있는 고밀도의 글이다. 유인물과 함께 글쓰기 과제를 내주었다.

"여러분, 그냥 보낸다고 생각했던 일상을 다시금 관찰하고 글로 표현해 보면 하루가 다르게 느껴질 수 있을 거예요. 자신과 좀 더 친해지는 시간이 되면 좋겠어요."

학교라는 쳇바퀴 속에서 아이들이 어떤 반짝임을 발견할 수 있기를 바랐다. 10대 소녀들의 일상과 그 속의 반짝임은 무엇일까. 기대감이 부풀었다.

쉬는 시간을 알리는 종이 울렸다. 다행히 시간에 딱 맞춰 수업을 끝낼 수 있었고, 1분이라도 아이들의 휴식을 방해하고 싶지 않아서 얼른 교실을 빠져나왔다. 대기실로 돌아오니 내가 1등으로 와 있었다. 이윽고 하나둘 작가님들이 모습을 드러냈다. 다들 신난 얼굴이었다. 누군가는 학생들에게 선물을 나눠주기도 했고, 단체 사진을 같이 찍기도 했다. '나 혼자 급히 나온 건가'라는 생각이 들기도 했지만 그래도 전하고 싶은 말은 빠짐없이 했기에 후회는 없었다. 교문을 나서기 전에 학교를 배경으로 작가님들과 단체 사진 한 장을 찍었다. 우리 모두 브이를 내밀고 환히 웃었다. 학생처럼 밝아 보이는 우리였다. 저녁 부산행 버스를 타기 전에 작가님들과 전주를 둘러봤다. 전주의 책방 물결서사에 들르고, 저녁으로 중국 요리를 먹고, 커피를 마시고, 부산으로 돌아왔다.

글로 세계가 확장된다. 글을 읽고 글을 쓰면서 나를 둘러싼 세계를 한껏 유영한다. 김종삼 시인의 시를 읽고 종로와 명동을 거닐 수 있다. 나의 글로 어린 나를 톺아보고 상흔을 어루만진다. 글 덕분에 밟아본 전주에서의 하루는 분초마다 새로웠다. 전주의 아이들이 글을 가까이하면서 담장 밖 세상의 여행자가 될 수 있기를, 자신의 그림자에 손 내밀 수 있기를, 오늘의 반짝임을 발견할 수 있기를, 그럼으로써 양감 있는 어른으로 자라날 수 있기를, 나는 소망했다.

고 이즈 러브

영화 한 편을 보고 무작정 걷고 싶어졌다. 장마크 발레 감독의 영화 〈와일드〉를 보고서 말이다. 〈와일드〉는 슬픔의 황야에서 자신을 잃은 셰릴이 대장정의 길 위에서 얻게 되는 깨달음을 담고 있다. 극 중 셰릴은 가난, 폭력, 이혼이라는 가정환경을 가졌음에도 사랑하는 엄마가 있었기에 고난을 헤쳐갈 수 있었다. 엄마가 병으로 세상을 떠나고 그녀는 자신의 삶을 포기한다. 그러다 모든 후회와 슬픔을 뒤로한 채 4,285km에 이르는 PCT 대장정을 나서게 된다.

왜 그녀는 추락의 끝자락에서 걷기를 선택했을까. 대장

정의 여정에서 길은 그녀에게 어떤 대답을 주었을까. 왜 자꾸 영화를 곱씹게 되는 거지. 어느새 나는 30대 중반이 되었고, 회사 생활은 안정적이고, 좋은 사람들을 많이 만나며 무탈하게 지내고 있는데, 뭔지 모를 이 공허함과 무의식 속에 쌓이는 이 불안은 뭘까. 무언가를 놓치며 살고 있는 것은 아닌지. 나도 걸어야겠다. 길 위에서 직접 그 대답을 들어보고 싶었다.

"준표야, 나랑 4월쯤에 국토대장정 해보지 않을래?"

머릿속에 바로 떠오르는 한 사람에게 메시지를 보냈다. 갓 보낸 따끈한 메시지가 채 식기도 전에 "너무 좋다"라는 답장을 받았다. '너무'라는 부사어가 수식될 정도면 진짜 가고 싶은 것. 우리의 목표는 단순했다.

시에서 시로 걸어서 넘어가기. 단순하고 무식한 코스로 가보기. 직선거리가 30km 이상을 넘어가면 카카오맵 지도에 도보 동선이 조회되지 않았다. 이곳저곳을 출발과 도착으로 짝지어보다가 적절한 곳을 찾아냈다. 김해에서 밀양까지. 김해 가야대역에서 출발해서 밀양역까지 30.7km 그리고 예상소요시간 약 8시간.

준표는 몇 년 전 독서 모임에서 만난 동갑내기 친구다. 맑고 투명하고 진정성 있는 사람이다. 불교에 관심이 많은 준표는 도반 같은 존재랄까, 자신을 계속해서 수련해 나가는. 걷기로 예정했던 날이 다가올수록 현생에 치여 꼼꼼한 준비를 못 하고 있을 때, 준표가 먼저 나서서 계획의 틀을 세워줬다. 준표로부터 전송된 카카오톡 메시지가 그 예다.

"우리의 걷기 여행(걸어서 한국 속으로).hwp"
"우선 함께 이야기 나눈 걸 토대로 1차 안 정리해 봤어. 온열 대책도 생각해 보면 좋을 것 같아!"

서른네 살, 우리는 여전히 청년 정책 대상에 포함되는 청춘이고, 준표는 청춘의 낭만을 여태 진실로 믿는 소년 같은 친구다. 먼저 나서자고 한 건 나였지만 날이 다가올수록 준표의 진심이 내 마음을 능가했을지도.

초록 잎들로 무성해진 4월 끝자락, 디데이가 되었다. 그런데 일어나자마자 욕부터 나왔다.

"좆됐다."

만나기로 한 시간에 일어난 것이다. 전날 저녁 독서모임 뒤풀이에서 술을 제법 마셔서인지, 미처 알람 소리를 듣지 못했다. 술을 마셨다고 알람소리를 듣지 못한 적이 없었는데, "좆됐다"라는 표현 외엔 그 당황스러움을 표현할 다른 단어가 없었다. 무거운 마음을 안고 준표에게 전화를 걸었다.

"하준표야진짜미안하다. 지금일어났는데 근처에카페라도있으면들어가있어. 내가점심이라도맛있는거살게."

다급하고 미안한 마음에 래퍼 아웃사이더처럼 쉼표 없이 말했다. 그러자 준표는 별 일 아니라는 듯이 말했다.

"훈재야, 진정하고 지금 네 목소리가 너무 떨리고 정신없어 보이는데, 난 진짜 진짜 괜찮으니까, 씻고 천천히 준비하고 와도 된다."

그 순간 이 친구는 나한테 그 어떤 역사 속 성인보다도 더 성인의 경지에 가까운 존재로 등극했다. 예수님, 부처님, 알라님 미안합니다. 나한테 성인은 준표예요. 고양이 세수만 하고 반바지에 반팔티 그리고 땀이 잘 흡수되는 기능성 겉옷을 걸치고 나섰다. 다행히 날이 무척 맑았다. 구름 한 점 없을 정도로.

우여곡절 끝에 시작된 작은 국토대장정. 갈맷길이나 올레길처럼 관광용으로 만들어진 길이 아니다 보니 자주 국도를 따라 자동차들과 함께 걸었다. 때때로 우리가 나누는 대화가 소음 때문에 허공으로 사라지기도 했다. 그러다가 마을을 낀 골목에 들어서거나 논밭을 낀 시멘트 길 위를 걸을 때는 평화로운 풍경에 신이 나서 사진을 찍었다. 전봇대에 걸린 전선, 가구 공장 내부에 부착된 현수막 '품질 기준은 고객이다', 밀짚모자에 스카프까지 둘러 맨 멋쟁이 허수아비, 허름한 삼거리 뷔페식당, 냇물에서 빛나던 윤슬, 태평하게 여물 먹는 소 등을. 그리고 적막을 틈타 온갖 얘기도 나눴다. 기성세대로 접어든 우리의 역할, 옛날 과거 시험을 보러 능선을 넘었을 수험생들의 고생, 미시 세계를 다루는 양자역학, 가정의 안녕을 위한 나의 역할 등을.

풍경을 눈에 차곡차곡 담고 서로의 이야기에 진심으로 귀 기울이다 보니 어느새 배꼽에서 허기진 소리가 들려왔다. 좀 더 걸으면 한림면이 나오는데 거기 가서 끌리는 아무 식당으로 가자고 했다. 고작 몇 시간을 도심 밖에서 걸었다고 한림면에 들어서니 이곳이 도심처럼 느껴졌다. 옛 미용실의 회전 간판이 보였고 곳곳에 부동산 공인중개사 무소도 보였다. 준표가 핸드폰으로 검색을 해보더니 10분 정도 더 걸으면 한림면에서 나름대로 인기 있는 칼국수 식당이 나온다고 했다.

"뭐든, 너무 좋지."

식당으로 가는 도중에 어느 교회의 외벽에 부착된 알파벳이 눈에 띄었다.

'Go is Lov'
'고 이즈 러브'
'가는 것은 사랑이다'

'd'와 'e'가 어떤 이유로 벽에서 떨어져 나갔을 터. 그럼에도 걷는 우리에게 당장 보이는 우연의 알파벳은 운명 같은 메시지였다. 우리는 가는 길이었고, 그 길에 사랑이 넘쳐날 것만 같았다.

 즉흥적으로 들른 한림칼국수 식당은 한림면의 대표 맛집답게 대기표를 받고서야 들어갈 수 있었다. 옛날 칼국수 한 개와 얼큰 칼국수 한 개를 시키고 통통김밥 두 줄을 시켰다. 두 시간의 걸음은 입맛을 돋우기엔 충분했다. 배까지 든든히 채우고 나니 앞으로 가야 할 길이 진짜 행진의 시작일 것만 같았다. 지금까지는 몸풀기였다고 해야 할까.

 한림면을 벗어나고 몇 개의 마을들을 지나쳤다. 국도를 따라 걷는데, 눈에 띄었던 나무가 일렬로 쭉 심겨 있었다. 이 나무 낯이 익은데 이름이 뭘까. 사진을 찍어 인터넷에 검색하니 '이팝나무'라고 했다. 눈꽃 치즈같이 생긴 꽃들이 핀 나무. 도로변에 핀 노란 꽃들은 꼭 유채꽃 같기만 한 '갓꽃'이었다. 하나의 몸짓에서 그의 이름을 불러주었을 때 하나의 꽃이 되었다는 김춘수 시인의 시구처럼, 이팝나무와 갓꽃의 이름을 알고 나니, 그들은 30km의 여정 속 우리에게 잊히지 않을 하나의 풍광이 되어 주었다. 그렇게 꽃과 나무에 시선을 두며 걷던 중 어느새 낙동강에 다다랐다. 낙동강의 윤슬은 은빛으로 산란했고, 오후의 햇빛은 적당히 작열했다.

낙동강에서 좀 더 걸으니 드디어 밀양의 경계 안으로 들어설 수 있었다. '봄철 특미 웅어회'라는 현수막과 간판이 우리를 반겨주었다. 밀양에선 웅어회가 유명한가. 능선을 따라 이어진 도로를 걷는데 준표의 종아리가 부항을 뜬 것처럼 익어있었다. 나 또한 마찬가지. 서로의 빨개진 종아리를 보며 준표가 그랬다.

"훈재야, 나 영화배우가 아니라서 천만다행이야."
"왜?"
"피부 관리 안 해도 되니까."

준표가 미친 건가. 걷다가 이번엔 내가 말했다.

"준표야, 길에서 와인 냄새 안 나나?"
"그거 거름 냄새."

준표의 명료한 대답. 영화배우가 되지 않음에 감사해하고 거름 냄새를 와인 냄새로 승화시키는 맛이 간 우리. 그게 또 재밌다고 벌겋게 익은 홍당무 둘이 헥헥 웃으며 목적지를 향해 걸었다. 남은 거리는 대략 7km. 최종코스로 언덕길에 활주로 같이 뻗어진 평탄한 도로가 나왔다. 사방엔 작은 마당에 개가 묶인 시골집 같은 주택들만 즐비해 있었다. 그렇게 밀양역까지 쭉 이어져 있는 평화롭고 고요한 여정. 어느새 가져온 물도 다 떨어졌다. 주변에 마트나 편의점도 없었다. 우리만의 〈캐스트 어웨이〉. 이대로 족히 2시간 가까이 걸어야 했다. 배구공 '윌슨' 대신 '준표'가 옆에 있어서 다행이라 생각했다.

두 사람이 만들어내는 그림자가 젓가락처럼 길게 늘어졌다. 해질녘, 의식으로 걷는 건지 무의식으로 걸어지는 건지 분간이 안 될 때 바라본, 붉은빛이 낀 지평선은 처연하면서 아름다웠다. 앞서 말한 영화 〈와일드〉에서 셰릴의 엄마는 일출과 일몰은 매일 있는 것이라고, 마음만 먹으면 언제든 그 아름다움 속으로 들어갈 수 있다고 말한다.

현실에서 일출과 일몰은 출근과 퇴근일 뿐이었다, 12월 31일과 1월 1일을 제외하고. 그 아름다움을 생각해 보지 못한 채 363일을 지나치고 있었다. 매일에 속아 매일을 낭비하고 있었던 건 아닐까. 오늘 바라본 일몰이 이토록 아름답기만한데. 매일 해가 진다는 이유로 반짝이는 특별함을 무심하게 바라봤던 걸까.

나는 지금 왜 걷고 있나. 영화가 내면의 무엇을 자극했던 것일까. 길은 시원하게 정답을 알려주지 않았다. 그저 한 보의 걸음으로 종착지에 가까워지고, 몇만 번의 작은 성공을 차곡차곡 쌓아간다는 느낌이 좋았을 뿐. 걸으며 사색에 잠겨있던 때에 준표의 핸드폰에서 노랫소리가 들려왔다.

"투나 - 아 - 아 —— 잇 위 아 영 - "

노래가 너무 좋아서 준표에게 어떤 곡인지 물어보니 Fun의 〈We Are Young〉이라고 했다.

오늘 밤 우리는 젊어.
그러니 세상을 불태워버리자.
우리는 태양보다 밝게 빛날 수 있어.

태양 아래 장장 30킬로미터를 걷고 있는 우리에게 건네는 말 같았다. 나는 어디로든 갈 수 있고 무엇이든 할 수 있다. 그렇게 살고 싶다고 생각했다. 매일의 특별함을 매일의 진부함으로 덮어버리지 말자고. 우리는 여전히 젊고 태양보다 밝게 빛날 수 있다고.

한없이 뻗어진 길 위의 끝이 눈에 보이기 시작했다. 밀양역에 도착하면 근처 맥줏집에 들러 살얼음 생맥주 한 잔을 벌컥 마셔야지. 그 상상 하나로 남은 거리를 겨우 걸었다. 마치 성냥팔이 소녀가 성냥불에 담긴 환영을 보는 것처럼. '환영합니다. New 가곡동'이라는 패널이 보였다. 다행히 성냥팔이 소녀의 결말과 다르게 비극으로 끝나지 않고 밀양역에 당도할 수 있었다. 부산으로 가는 기차표를 예매하고 서둘러 맥줏집으로 향했다. 맥줏집에 빈자리가 있었고, 자리에 앉자마자 살얼음 생맥주를 한 잔씩 시켰다.

"고생했다"라는 말과 함께 건배하고선 맥주를 벌컥 마셨다. 식도의 모양이 느껴질 정도의 기분 좋은 따끔함이 전해졌다. 평소에 5, 6킬로미터를 달리고서 맥주를 마시지만 오늘만큼 청량하지는 않았다. 생맥주 두 잔을 깔끔

이 비운 후 부산으로 향하는 기차에 노곤해진 몸을 실었다. 짧았던 국토대장정 일정이 끝났다.

셰릴이 PCT의 종착지에 도착했을 때, 흘러가게 둔 자신의 인생이 얼마나 야성적이었는지 독백한다. 그녀의 말대로, 흘러가게 둔 나의 인생은 얼마나 야성적이었던가. 본능에 따라 그저 앞으로 흘러갔던 시간들. 놓치고 있었던 길 위의 사랑은 얼마나 아름다웠던가. 꽃과 나무와 윤슬과 노을이 내어주는 풍광들. 길 위의 여정에서 마주한 'Go is Lov'를 떠올리며, 나는 기차의 속도를 빌려 시속 100km로 부산으로 향하고 있었다.

삼프터 고백은 국룰이 아니다

 소개팅은 매번 어렵다. 일단 서류전형을 통과하기가 쉽지 않다. 자소서도 없이 사진과 숫자로만 당락이 좌우되는 서류전형이기 때문에 흔남인 나로서는 숱한 좌절을 겪곤 한다. 채용시장이 정기적인 것도 아니라서 다음 서류전형까지 얼마나 걸릴지 모른다. (신규 채용이 없을 수도 있다) 취업시장만큼이나 얼음장 같은 곳이다.

 서류전형을 통과한다고 하더라도 본선 역시 만만치 않다. 일단 사진과 다른 실물을 보고 실망할 수 있다. 카메라 앱은 사람의 턱을 세모나게 해 주고 사람의 눈을 무척 동그랗게 늘여준다. 화강암 같던 피부가 백옥처럼 변하기도 한다. 필터 가수 매드 몬스터의 제이호가 된 것만 같다. 만나자마자 공기가 무거워졌다면 실제 얼굴이 마음에 안 들었다는 방증이다. 왜 매드 몬스터도 필터가 벗겨지는 순간, 팬들이 오빠들 몸에 사탄이 깃들었다고 하지 않던가. 설사 외적 영역이 통과되었다고 해도 까다로운 내적 영역이 남아 있다. 너와 나의 교집합을 찾아 나서는 과정에서 인간의 세계가 얼마나 재미없고 따분한지 알게 된다.

"퇴근 후에 하는 건 딱히 없고요. 그냥 누워 있어요. 유튜브 보기도 하고."

열에 여덟의 대답이다. 아아, 직장인의 삶이 원래 이런 것인가. 분명 교집합인데 마음의 유대로 이어지지 않는 교집합이다. 너는 어떤 사람일까. 행복할 땐 어떤 표정을 지을까. 우울할 땐 무슨 노래를 들을까. 민트 초코에 대해 어떻게 생각할까. 옆에 있으면 자연스레 알게 되는 것도, 반짝이는 당신의 색깔도, 질문이라는 형태로 되어버리면 식어버리게 된다. 그래도 나 한 번 그리고 너 한 번, 핑퐁처럼 주고받으며 우리는 노력한다. 어쩌면 '몽환의 숲'일지도 모르겠다. 오감을 초월한 육감에 의해 내 짝임을 확인하는 건 아닐까.

 소개팅하고 다음 번 만남을 애프터 그리고 그다음 번 만남을 삼프터라고 한다. 애프터까지는 예의상 신청할 수도 또 수락할 수도 있지만 삼프터까지 가게 되면 기본적인 호감은 바탕이 되었다고 봐야 한다. 삼프터 고백이 국룰이라는 소리도 있으니 말이다. 하지만 그 국룰이 내 사랑의 방정식에는 통용되지 않았다. 세 번을 보고도 사람의 마음이 연결된다는 것은 어려운 일임을 다시금 느꼈다.

 두 번째 만남까지의 달콤했던 공기도 세 번째 만남에선 무겁게 가라앉을 수 있더라. 사람은 육감을 초월한 감각을 소유한 예민한 동물임을 소개팅 때마다 느낀다. 영화 〈식스센스〉에서 자신이 이미 죽어버린 유령이 되었음을 인지하지 못하는 브루스 윌리스는 바보임이 틀림없다. 활활 타오르는 마음도, 차갑게 식어버린 마음도, 마음이란 것은 말하지 않아도 고스란히 전해진다.

 세 번째에 그녀를 보자마자 5분이 채 안 돼서 느낄 수 있었다. 어딘가 그 전의 마음과는 분명 온도가 다르다는 것을. "잘 지냈어요?"라는 말조차 불편한 마음으로 건네졌다. 어색한 침묵이 맴돌고, 목이 타듯 물컵에 물을 따라

홀짝 마시기를 여러 번. 불편한 마음에 자리를 박차고 나가고 싶었지만 참고 예의를 지켜야 하는 게 소개팅이다. 적절한 주젯거리를 찾아 몇 번 던진 뒤 암묵적 합의에 다다른 시간이 지나서야 헤어질 수 있었다. 소 잃고 외양간 고쳐봤자 소용없는 것처럼, 마음을 잃은 상대방에게 무슨 손을 써도 소용없다. 선조들의 지혜로운 격언은 21세기가 되어서도 적용된다. 왜 내 소개팅까지 적용되는 것이냐고요. 아재 개그라도 던질 걸 그랬다.

"예수님이 볶음밥을 한 입 드시더니 하신 말씀은?"
(침묵)
"누가복음"
(화들짝)

《4월의 어느 맑은 아침에 100퍼센트의 그녀를 만나는 것에 대하여》, 내가 제일 좋아하는 무라카미 하루키의 단편 소설이다. 길거리 맞은편에서 다가오는 한 여자가 그렇게 예쁘지도 않고, 화려한 옷을 입은 것도 아니지만, 그녀와 점차 가까워질수록 그녀가 자신에게 100퍼센트의 여자임을 직감하게 되는 한 남자의 이야기다.

소설처럼 100퍼센트의 그녀를 만나게 되는 것은 어떤 느낌일까. 아직 느껴본 적은 없다. 소설과 달리 한눈에 알게 되는 100퍼센트의 그녀는 현실에서 만나지 못할 가능성이 크다. 그렇지만 우리는 시간의 흐름 속에서 70퍼센트였던 상대방이 100퍼센트로 채워지기도 한다. 100퍼센트는 잠재적 의미이지 않을까. 그 사람의 미소, 사려 깊은 생각, 비슷한 취향에 끌려 남은 퍼센트가 채워지는 것이다. 소개팅에서는 100퍼센트의 그녀를 단번에 만나기도, 부족한 퍼센트를 단기간에 채워 가기도 어렵다. 그래서 소개팅이 열에 한 번 잘 돼도 우리는 성공했다고 말하곤 한다.

인위적인 만남이 이렇게 힘든데 자연스러운 만남은 어떨까. 직장인이 되면 자연스러운 만남을 추구하기가 어려워진다. 대학생 때는 학과나 동아리에서 자연스럽게 서로의 매력을 알아가며 만남을 추구할 수 있었다. 하지만 직장에서의 인간관계는 그 어느 때보다 조심스럽고, 그 안에서 만남을 추구한다는 건 상당한 위험을 감수해야 하는 행위다. 그래서 우리는 외부로 소개팅으로 눈을 돌릴 수밖에 없다. 더 이상 동아리가 아닌 동호회라는 선택지도 있지만 그곳은 약육강식이 명확한 '동물의 왕국'일 수 있다. 그럼에도 집에서 '가마니'가 될 바에야 먹이를 찾아 어슬렁거리는 '하이에나'가 되는 것이 낫다. 운명이란 정해진 분모의 총량 속에서 끊임없이 분자를 더해 가야 유리한 확률 같은 것이니까. 인위적인 만남과 자연적인 만남 그 모두에 최선을 다해야겠다. 늦지 않게 100퍼센트의 그녀를 만날 수 있기를. 그때, 그녀가 좋아할 만한 어떤 구석이 내게도 있기를.

취미는 달리기

 달리기를 자주 하고 있다. 한 달에 100km를 뛸 때도 있다. 주로 트랙이 깔린 부경대학교 운동장을 뛰고 때로는 해운대 동백섬의 바다내음을 맡으며 뛰기도 한다. 달리지 않고 방구석에만 있으면 몸보다 마음이 무거워져 옴짝달싹 못 하는 요즘이다. 봄과 가을에는 그 계절을 달릴 수 있는 마라톤 대회에도 참여한다. 이 정도면 러너라고 불러도 되겠지. 러너로서 나의 운명은 어떻게 시작되었을까.

 운명의 시작은 2022년이었다. 무라카미 하루키의 온갖 소설, 이를테면 《해변의 카프카》라던가 《다자키 쓰쿠루와 그가 순례를 떠난 해》 혹은 《일인칭 단수》 같은 그의 소설들을 닥치는 대로 읽던 때라 그가 쓴 에세이도 궁금해졌다. 클래식, 재즈, 야구, 달리기, 섹스 등 그의 소설에 빠지지 않고 등장하는 소재들이 있다. 가상을 빌리지 않고 말하는 실제 하루키의 이야기는 어떨까. 하루키의 취향을 더 가까이서 촘촘히 들여다보고 싶은 욕심이 생겼다. 그의 여러 에세이를 검색하던 중 《달리기를 말할 때 내가 하고 싶은 이야기》라는 제목이 눈에 띄었다. 사랑의 운명은 첫눈에 직감하는 것처럼, 이 책이 운명이 되리란 느낌이 들었다.

《달리기를 말할 때 내가 하고 싶은 이야기》는 달리기 노하우에 관한 '실용서'라기보다는 왜 달리는지에 대한 자기 고백에 가까운 에세이였다. 아픔은 피할 수 없지만 고통은 선택하는 것이라고 했다. 장거리 달리기에 있어서 이겨내야 할 상대가 있다면 그것은 과거의 자기 자신이라고.

하루키의 태도가 뜨거운 열정으로 나를 휘감았다. 나는 올림픽을 준비하는 운동선수가 된 것처럼 심장이 뛰었다. '자신을 이겨보고 싶다'라는 생각이 들었다. 하루키는 서른셋의 나이에 달리기에 빠져 들었다고 한다. 비슷한 나이에

출발점을 서게 된 게 운명처럼 느껴졌다. 그와 나에게 있어서 30대 초반에 하나의 커다란 분기점이 찾아온 것이다.

  책을 읽고 곧바로 달리기를 시작했다. 달리기 앱을 설치하고 초심자 단계인 4km부터 달렸다. 몇 달 꾸준히 달리다 보니 뛰는 거리가 4km에서 금세 6km가 되었다. 거리가 늘어날수록 몸이 반응하기 시작했다. 삼키는 침에서 철 맛이 진해졌고 숨은 점차 가빠졌다. 그러나 여기서 달리기를 끝낼지는 선택의 문제다. 아픔은 피할 수 없지만 고통은 선택하기에 달린 법이다. '끝낼지'에는 내 의지가 담겨 있다. '정말 뛸 수 없나?' 스스로에게 묻고 '아니다'라는 답이 내려지면 계속 뛰었다.

  달리기는 인원, 장소, 장비에 구애받지 않는 장애물 없는 스포츠다. 그저 의지대로 달리면 된다. 그래서 투명한 나와의 대결이다. 뛰지 않으면 그 어떤 변명거리 없이 내 의지가 뛰지 않기로 한 것이다. 적어도 달리기에서만큼은 내게 지고 싶지 않았다. 두 다리만 계속해서 뻗어나가면 된다. 그뿐이다.

  하루키는 공백을 획득하기 위해 달린다고 했다. 드라마 〈나의 아저씨〉에서 이지안이 입사 지원서 특기란에 달리기를 적은 이유도 그랬던가. 달릴 때는 내가 없어진다고. 그게 진짜 나 같다고. 그들과 달리 나는 달릴 때 공백이 생긴다던가 내가 없어지는 경험을 하지는 않았다. 오히려 복잡한 생각을 품은 채 달리기도 했다. 그러나 복잡한 생각도 결승선이 다가올수록 정리가 되기도 했고, 마치 흘린 땀처럼 배출되기도 했다. 머릿속이 진공상태가 된다고 할 수 없지만 적어도 정신 위생이 되는 건 사실이다.

보통 주에 2, 3회씩은 뛴다. 평일에 뛸 때는 퇴근 후에 곧장 집에 들러 운동복과 러닝화로 환복한다. 끈은 헐겁지 않게 조이는 편이다. 선선한 저녁 공기를 마시며 부경대학교 운동장으로 향한다. 캠퍼스에는 과 잠바를 입고 무리 지어 다니는 신입생들과 운동복을 입고 홀로 도서관으로 향하는 취준생이 섞여 있다.

5월 끝자락의 저녁 7시는 어둡지 않다. 적당히 바람도 불어 날이 쾌적하다. 뛸 때 듣는 노래는 자주 바뀐다. 팝송을 들을 때도 있고 밴드 노래를 들을 때도 있다. 요즘은 힙합 장르의 노래나 만화 OST를 듣는다. 빈지노의 〈Nike Shoes〉나 〈Always Awake〉 같은. 그리고 〈슬램덩크〉 주제곡들도 종종 듣는 편이다. 운동장에 들어서면 녹색 그라운

드에서는 학생들이 축구하고 있고, 적갈색 우레탄 트랙에 선 학생들과 주민들이 섞여서 걷거나 뛰고 있다. 열심히 자신의 운동을 하는 이들을 보면 얼른 뛰고 싶어진다.

뛰기 전, 발목을 시계방향으로 돌리고 허벅지 근육의 앞과 뒤를 풀어주는 스트레칭을 한다. 팽팽했던 근육이 한결 부드러워지고 나서 천천히 출발한다. 날은 점점 어둑해지고 조명이 하나둘 켜진다. 때로는 잡생각을 가득 안고 초반 레이스를 뛴다.

듣는 노래는 뛰는 힘을 증폭시킨다. 정대만의 테마곡인 Wands의 〈세상이 끝날 때까지는〉이 들릴 때면 불꽃 남자가 된 것처럼 더 열심히 뛰게 된다. 어느새 숨이 차기 시작하고 레이스의 끝이 다가올 때면 '세 바퀴', '두 바퀴', '한 바퀴' 남은 바퀴 수만 생각하며 뛴다. 앞머리를 쓸어 올리면 비를 맞은 듯 머리카락은 젖어있고, 온몸에서 땀이 흐르고 있다. 결승선을 통과하고 나면 물 밖에 나온 물고기처럼 심장이 펄떡거리고 가쁜 호흡이 휘몰아친다. 묘한 전율이 돋는다. 이것이 러너들이 계속해서 달리는 이유일까. 체내에 쌓여있던 독이 배출되고 몸이 한결 가벼워진다. 집으로 돌아가 샤워하고 벌컥 마시는 에일 맥주의 맛은 일류다. 달리지 않을 이유가 없다.

첫 마라톤은 경주 벚꽃 마라톤이었다. 4월 초 벚꽃이 만개할 때 경주 보문호수를 둘러싼 10km 코스를 달렸다. 바람이 불 때면 하늘에서 벚꽃이 눈처럼 사뿐히 떨어졌다. 피어 있는 벚꽃을 보고, 떨어지는 벚꽃을 맞고, 떨어진 벚꽃을 밟았다. 초속 5센티미터의 봄을 통과하는 것 같았다. 우리는 저마다의 속도로 봄의 결승선을 향해 달려갔다. 달리기는 계절을 잔뜩 만끽할 수 있구나. 적어도 벚꽃이 지고 난 후에야 봄이었음을 깨닫게 되지는 않겠구나. 봄과 여름 그리고 가을과 겨울, 사계절을 모두 뛰어보고 싶단 생각이 들었다.

차량이 통제된 도로 위엔 오직 러너뿐이었다. 10km는 절대 만만하지 않은 거리다. 솔직히 첫 마라톤인만큼 8km쯤에서 포기하고 싶단 생각도 들었다. 이만하면 잘 뛰었다고. 이때 극한의 상황에서 하루키가 스스로에게 건넨 주문이 떠올랐다. 그는 적어도 끝까지 걷지 않겠다고 했다. 끝까지 걷지 않겠다는 하루키의 결연한 마음이 내 마음으로 전이됐다. 결승선이 보일 때까지 그 주문을 되뇌면서 끝까지 달렸다. 나 역시 진솔한 납득 없이 포기하고 싶지 않았다. 그렇게 1km가 남았고 100m가 남았고 결승선을 통과했다. 57분 56초. 1,001위. 대단한 기록은 아니지만 적어도 걷지는 않았다. 내 마라톤은 그렇게 서막을 열었다. 그 뒤에 몇 번 더 10km 코스를 뛰었고, 지금 나는 21km 하프 마라톤을 준비하고 있다.

누군가 그랬다. 책은 몸에 남는 거라고. 《달리기를 말할 때 내가 하고 싶은 이야기》는 내 몸에 아로새겨졌다. 앞으로도 쭉 달리고 싶다. 다음 목표는 21km 하프 마라톤 완주다. 적어도 끝까지 걷지만은 않아야지.

단골, 대연동

　대연동의 경성대역 밑 외진 골목에 정갈하고 아담한 단골 일식 선술집이 있다. 일본인 셰프가 요리하는 곳인데, 음식이 맛있고 시끌벅적하지 않아서 자주 들르는 곳이다. 나는 이곳에서 스지 조림을 필두로 카레 우동과 다시마키 타마고 그리고 삿포로 생맥주를 시킨다. 추운 겨울날은 따뜻한 사케를 마셔도 괜찮다. 약간의 필살기랄까. 호감이 있는 여성분이 있으면 한 번쯤은 이곳으로 데려왔다. 음식과 술이 어우러져서 기분 좋게 취기가 오르고, 적당한 소음 덕에 상대의 말이 흐려지지 않아서 둘만의 시간을 갖기 좋은 곳이다.

연례행사처럼 단골 선술집을 들른 지 10년이 되었다. 이 작은 공간에 많은 이들과의 세월이 녹아있다. 어떤 장면은 사라지지 않고 기억을 유영한다. 시간의 공기가 가벼운 때도 있었고 무거운 때도 있었다. 웃는 얼굴, 설레는 얼굴, 글썽이는 얼굴, 지루한 얼굴, 다양한 얼굴들이 있었다. 이제는 만나지 않아서 추억으로만 머무르는 당신들. 대학 동기, 선후배, 소개팅녀, 헤어진 연인의 얼굴이 필름처럼 지나간다. 이곳은 생맥주 한 잔을 마시면서 지나간 추억을 곱씹게 되는 장소다.

선술집 골목에서 3분 정도 걸어가면 단골 미용실이 나온다. 내 또래의 남자 K 원장 혼자서 운영하는 곳인데, 단골손님이 되어 4년째 머리를 맡기고 있다. 2주마다 한 번씩 머리 커트를 하므로 K 원장은 가장 꾸준히 보는 사람 중 한 명이다. 대형 생산 공장 느낌의 미용실이 싫어서 이곳저곳을 알아보던 중 어느 블로거의 리뷰를 보고 들른 곳이 여기였다. 그때는 참고할 후기가 그 리뷰 하나뿐이었는데, 왠지 느낌이 좋았다.

통상적으로 남자들은 미용실에 가서 '적당히' '살짝' '다듬어'라는 추상적인 표현을 많이 쓴다. 머리를 다 자르고서 미용사의 "괜찮으신가요?"라는 답이 정해진 질문에 괜찮다는 짧은 답만 하고 미용실을 나서며 마음의 눈물을 흘리는 슬픈 엔딩이 많다. 나는 보통의 남자들보다 조금 더 세심한 편이다. 원하는 스타일의 사진을 보여주고 기장감도 구체적으로 말한다.

처음 이곳을 들렀던 날, 어김없이 요구사항을 구체적으로 늘어놓았다. 앞머리는 눈썹까지, 옆머리는 투블럭 6밀리로 같은. 내 요구사항을 귀담아 K 원장은 신경써서 머리를 잘라주었다. 커트 후에 다시 한번 어떤지 봐달라고 했다. 그냥 으레 묻는 말이 아니었다. 부드러운 그의 어감에 피드백을 마음 편히 할 수 있었다. 그날 첫 방문부터 확신하게 되었다. 오래도록 여기를 방문하게 될 것이라고. 세월이 지나 어느새 K와 형 동생 사이로 지내고 있다. 이젠 K가 없는 나의 머리를 상상할 수 없게 되었다.

미용실에서 대로변으로 빠져나오면 맞은편에 부경대학교 캠퍼스가 있다. 대연동에서의 삶이 시작된 출발점이다. 고등학생 때 현역 수능을 말아먹고 재수를 했다. 목표는 부산대학교였다. 재수학원을 다니며 성적이 올랐으나, 끝내 부산대학교에 지원할 수능 점수를 받진 않았다. 고민 끝에 부경대학교에 원서를 넣었다. 스무 살의 청춘을 앗아간 대가는 없었다. 스물한 살, 반수를 결심한 무거운 마음을 안고 새내기 대학 생활을 시작했다.

개강하고 몇 달 되지 않아 수능 생각을 가뿐히 접었다. 부경대가 너무 좋아진 것이다. 친구들을 많이 사귀었고, 평지의 캠퍼스는 걷기 좋았으며, 대학 인근이 번화가라서 놀거리도 많았다. 고등학생 시절의 나는 본 성격과 다르게 더 소심했고 자존감이 낮았다. 대학에 오고서야 잃어버렸던 3년을 되찾게 된 것. 나는 이곳에서 새출발할 수 있었다. 애착 때문일까. 모두가 졸업해 버린 지금도 혼자서 부경대 캠퍼스에 간다. 때로는 걷고 자주 달린다. 세월만큼 캠퍼스도 많이 변했다. 함께 성숙해지고 있다.

20대 시절의 나는 늘 누군가와 함께였다. 식당에 갈 때도, 머리를 자를 때도, 캠퍼스를 돌아다닐 때도. 함께인 것이 당연하던 시절이었다. 북적였던 옛 시절 대연동의 챕터가 끝났다. 30대의 나는 이 동네를 혼자서 돌아다닌다. 비로소 동네가 눈에 들어오고 마음에 담긴다. 이제야 우리는 친구가 된 것 아닐까.

대연동이 선물하는 평화로운 익숙함이 좋다. 익숙해지

는 것은 꽃이 피는 것과 마찬가지다. 매일의 물과 햇빛 그리고 시간 속에 비로소 꽃이 피는 것처럼, 단골이 수식되는 식당과 미용실 그리고 캠퍼스의 퇴적하는 추억 속에 마침내 마음의 봉오리가 열리게 되는 것이니까. 대연동은 나의 꽃이다. 오래도록 시들지 않기를.

김치찌개

 별명이 KCM이다. 골무 같은 비니를 써서도 아니고, 민소매에 청조끼를 입고 다녀서도 아니다. "감히 사랑한다고 말할까 조금 더 기다려볼까"라고 열창해서도 아니다. 김치맨, 단순히 김치를 좋아한다는 이유에서 어느새 KCM으로 불리고 있다. 전은 김치전, 찌개는 김치찌개, 볶음밥은 김치볶음밥, 국수는 김치말이 국수를 먹는 것이 인지상정. 지인들과 식사 자리에서 늘 우선으로 김치를 택하기 때문에 나의 등호는 곧 '김치'가 되었다.

 일종의 경로의존성이랄까. 노래도 신곡보단 옛날 노래를 듣고 또 듣고, 달리기 코스도 새로운 곳보단 뛰던 곳만 계속 뛴다. 음식의 저변을 넓히기보다는 하나의 음식을 반복 또 반복하는 편이다.

온갖 디저트를 척척 꿰고 파스타 같은 양식 요리도 멋들어지게 소화하고 싶은데 입이 한식을 갈구한다. 내일 지구가 멸망한다면 김치찌개를 먹을 것이다. 흰쌀밥에 반숙의 계란 프라이를 얹고, 김치찌개 국물을 한 숟가락 떠서, 밥과 계란에 얹어주면 최고의 조합이 된다. 한식계의 손흥민과 케인 듀오랄까. 지구 멸망의 디스토피아가 정말로 찾아온다면 어머니가 끓여주신 김치찌개가 먼저 생각날 것 같다.

구룡포에 사는 가족과 떨어져 지낸 지 몇 년째. 이제는 세대주로서 주민세도 직접 내고 있다. 몇 달에 한 번 그리고 명절에 본가로 갈 때면 어머니는 늘 김치찌개를 끓여주신다. 돼지고기를 넣어 국물 맛이 깊고 진한 김치찌개다. 거기에 계란 프라이까지. 언제부터였을까. 김치찌개가 소박한 밥상 위로 정성스럽게 매번 차려지기 시작한 것은. 어머니는 어떤 마음으로 김치찌개를 끓여주시는 걸까.

어릴 적 집 사정이 그럭저럭 괜찮았다면 김치찌개가 아닌 돼지갈비찜이나 소고기구이가 주인공이 되었을 수도 있겠다. 그런 육류를 대신하기 위해서 김치찌개를 그토록 맛있게 끓이셨나 보다. MSG 대신 사랑의 가루를 착착 뿌리시지 않았을까. "맛있어져라" 주문을 속삭였을 수도. 그 덕에 육해공 어느 육류 요리보다 김치찌개가 나에게는 최고의 음식이다.

요즘은 집에서 김치찌개를 직접 끓여 먹는다. 찌개에 들어가는 김치는 본가에서 보내준 김치다. 단가를 위해서 주로 참치캔이나 스팸을 사용해 만드는데 맛이 나름 괜찮다. 참치 김치찌개는 산뜻하고 스팸 김치찌개는 적당히 진하다.

즉각적인 해장이 필요할 때는 집 앞의 찌개마을 식당에 들러 1인 김치찌개와 계란말이를 먹는다. 라면 사리로 찌개를 마무리하면 체내의 술이 증발한다. 소주가 당길 때도 김치찌개는 최고의 반주 메이트다. 추운 겨울의 어느 저녁에 허름한 김치찌개 식당에서 '2011년 철수♡영희' 같은 벽면의 오래된 낙서를 보며, 소주 한잔을 들이켜고 팔팔 끓인 김치찌개 국물 한술을 떠먹으면 그게 행복 아닐까.

어디서든 어떤 재료든 김치찌개를 먹을 때마다 팔이 안으로 굽어진다. 맛없는 김치찌개를 먹어본 적이 없다. 나는 아마도 평생 동안 김치찌개를 최고로 사랑할 것 같다.

위대한 개츠비와 월요일

월요일, 오늘 하루 연차를 냈다. 지난 주말에 국토대장정을 다녀오고 나서 모처럼 두 다리 뻗고 푹 쉬고 싶었다. 연차로 물든 빨간날이라서 한껏 늦잠을 잤다. 그런데 막상 누워만 있으려니 청개구리 심보처럼 몸이 근질거렸다. 6km 정도를 달릴까 하다가 창밖으로 쏟아지는 장대비를 보고서는 단념했다. 집에서라도 몸을 움직여 봐야지 싶어 밀려있던 집안일을 해치우기로 했다. 요즈음 유달리 바빠서 집안일에 통 신경을 쓸 수가 없었다. 그러다 보니 티끌이 태산이 되어 있던 것 아닌가. 적금은 태산처럼 안 모이는데 집안일은 왜 이렇게 잘 모이는 걸까.

우선 입이 개구리처럼 벌어진 빨래 바구니가 보였다. 땀이 밴 옷들을 세탁기에 넣고 돌렸다. "통통통" 세탁기가 돌아가는 동안 청소기로 바닥을 밀었다. 그리고 부직포에 물을 묻혀 밀대에 장착시키고 바닥을 닦았다. 물기가 묻은 바닥을 마른 부직포로 한 번 더 닦았다. 머리카락이나 과자 부스러기들이 '싸 – 악' 치워지니 마음이 한결 가벼워진 느낌. 청소는 마음을 비워내는 작업이기도 하다.

노동주를 안 마실 수 없지. 유리잔에 얼음을 채우고 선물 받은 글렌리벳 18년산을 가볍게 따랐다. 이런 여유로운 날에는 올드 팝이 제격이다. 블루투스 스피커로 라디오헤드의 노래를 틀었다. ⟨No Surprise⟩와 ⟨Creep⟩ 따위의 적적한 노래들을. 위스키로 목을 축이고 주변을 둘러봤다. 책상에 쌓인 책들이 젠가처럼 넘어질 듯 위태롭게 보였다.

나비가 질서 없이 이리저리 꽃을 오가듯, 이 책 저 책을 병렬 독서로 읽은 탓에 온갖 장르의 책들이 뒤죽박죽 섞여 있었다. 지금 당장 읽고 싶은 책 한 권만 남겨두고 나머지 책들을 책장으로 돌려보냈다. 소설, 에세이, 경제 서적이 뒤섞인 무질서함을 정리하니 한 권의 책만 남았다. 스콧 피츠제럴드의《위대한 개츠비》. 하얀 테이블 위에 놓인《위대한 개츠비》한 권이 오늘 하루의 주제처럼 느껴졌다. 때로는 지우고 비움으로써 어떤 선명성이 부각되기도 한다.

세탁기에서 여름 끝의 매미 소리가 들려왔다. 세탁의 끝을 예고하는 최후의 소리다. 세탁물들은 힘찬 소리를 내며 열심히 본연의 색을 찾아 회귀하고 있었다. 마지막으로 화장실 청소를 했다. 바닥 타일의 묵은때를 거품으로 벗겨내고 세면대와 변기를 닦았다. 팝송을 듣고 노동주로 목을 축이고 그렇게 하다 보니 청소가 금세 끝났다. 방을 뒤덮은 생활의 잔해들이 치워지고 찌든 때가 벗겨지니, '방'다워졌다.

동네 카페에 들러 아이스 아메리카노 한 잔을 테이크아웃하고 잠깐 걷다가 집으로 돌아왔다. 영화〈위대한 개츠비〉의 OST인 Lana Del Rey의〈Young and Beautiful〉을 들으며《위대한 개츠비》를 마저 읽었다. 이야기는 이미 결말에 가까워지고 있었다.

영화를 미리 봐서 개츠비에게 어떤 끝이 다가올지 알고 있었다. 그럼에도 활자로 서술된 개츠비의 대사와 행동을 마치 처음 보는 눈으로 천천히 따라갔다. 세탁이 완료되었다는 기계음이 들려왔지만, 개츠비에게서 눈을 뗄 수가 없었다. 개츠비의 쓸쓸한 최후가 서술되고 있었기에, 책의 갈무리까지 그를 곁에서 지켜보고 싶었다. 사랑하는 데이지에게 버림받고 모두에게 외면받는 비극을 맞게 되는 개츠비. 그런 개츠비가 왜 위대한 것일까. 김영하 작가는 개츠비에 대해 범속한 존재를 무모하게 사랑하고, 의연하게 실패를 받아들이면서, 여전히 자신의 상상 속에 머무는 점에서 역설적으로 위대하다고 했다.

현실성 없는 상상을 꿈으로 품는 사람은 아마 없을 테다. 그런데 개츠비는 데이지와 사랑에 빠지고 그녀의 상류층 세계에 발을 아주 잠깐 들이고 나서, 그 불가능해 보이는 상상을 현실에서 품어왔던 것이다. 그 상상 하나로 결국 그녀와 재회하게 된 것 자체가 대단한 일이다. '안분지족'을 거부하고 제 분수를 끝없는 대양으로 키워나갈 수 있다는 자기 믿음이 얼마나 용기 있는가. 그런데 그의 상상에 대한 집념이 슬프게 느껴지는 건 왜일까. 특별함만 바라보고 삶을 쫓아온 그가 위대하면서도 가련한 존재로 느껴졌다. '위대한'이라는 형용사가 낙엽처럼 바스러질 것만 같은.

  책을 덮고도 계속해서 여운이 맴돌았다. 동경과 동정이라는 양가적 감정이 마음을 간질였다. 하루 종일 위스키를 혀로 굴리며 이 감성에 흐느적거리고 싶었다. 그러나 아직 낮이므로 벌써 술에 취해 느슨해지면 안 된다. 100년 전의 시공간을 초월해 소설에 이입한 걸로도 이미 충만하다. 개츠비라는 터널을 빠져나오기로 했다. 할 일을 마저 끝내야지. 세탁이 끝난 지 조금 지난 세탁물을 소리 내어 "탁탁" 펼친 뒤 건조대에 널었다. 널린 옷들에서 써니 가든 향이 은은히 풍겼다. 오후 5시, 평온하고 여유로운 오후다.

  지금은 얼음이 살짝 녹은 커피 한 잔을 마시면서 글을 쓴다. 저녁에는 좋아하는 사람들을 만나 대구뽈찜에 소맥 한잔을 마시기로 했다. 한낮의 청소와 독서 그리고 저녁에 있을 술자리. 소박하고 안온한 일상의 입체감으로 행복의 실체가 실재한다. 상상을 허무는 위대한 존재다. 개츠비의 타이틀을 잠깐 뺏어 오늘을 수식해야겠다. 진정으로 위대한 월요일이다.

슐린1

그녀의 이름은 슐린. 나의 가장 친한 외국인 친구다. 어릴 적부터 외국인 친구를 사귀는 것에 대한 로망이 있었다. 옛 헬레니즘 문화처럼 낯선 2개의 세계가 융화되는 그런 경험은 낭만적이지 않은가. 취업을 확정하고 대학교 마지막 학기를 부담 없이 다닐 때, 외국인 친구만큼은 꼭 사귀고 졸업하고 싶었다. 덤으로 국경 없는 사랑까지 해볼 수 있다면 얼마나 좋을까 하는 기대도 있었다. I-friend라는 외국인 학생과의 교류 프로그램에 참여했고, 슐린은 그 프로그램으로 만난 중국인 친구. 그녀는 예뻤다. 그리고 영어를 잘했다. 나도 제일 자신 있었던 외국어는 영어였다. 어릴 적 달달 외웠던 경선식 영단어 덕분에. 우리는 영어라는 제3의 언어로 교류할 수 있었다. 때로 "나는 바보입니다" 같은 한국말을 가르치면서. 그녀는 그런 놀림을 꽤 즐겼다. "너는 바보입니다"라고 맞받아치면서.

그녀가 한국에 머물렀던 6개월의 시간 동안 우리가 자주 만났던 것은 아니다. 그럼에도 헤어지기 전에 그녀와 나는 막 유행하기 시작했던 스티커 사진을 한 장 남겼다. 때로는 그런 사진 한 장이 관계의 끈이 되어주기도 하나 보다. 잊을 만할 때면 사진 속 우리가 보였다.

이듬해에 홍콩 여행을 가게 됐는데, 그녀가 선뜻 가이드가 되어준다고 했다. 중국은 땅덩어리가 광활하다. 그녀가 사는 항저우 쪽과 홍콩은 거리가 제법 됐다. 그럼에도 나를 위해 홍콩 여행을 동행하겠다고 했다. 그렇게 그녀와 3박 4일 홍콩 여행을 다녀왔다. 6월에 홍콩이 제일 무더운 날씨일 때에. 속옷이 금방 젖어버리기 십상인 그런 날씨였다. 땀을 뻘뻘 흘리면서도 디즈니랜드까지 다녀왔다. 그녀는 군말 없이 따라와 줬다.

여행 도중에 작은 다툼도 있었다. 내가 뱉은 'Central' 이라는 단어 하나에 "Oh, Your english poor"라고 하는 것 아닌가. 네 발음도 썩 좋지는 않다며 유치하게 "너는 잘하냐" 같은 작은 설전을 벌이기도 했다. 요즘 세대 말로 하면 긁혔다고 할까. 그러나 다음 날이면 아무 일 없었다는 듯 함께 다녔다. 여행 마지막 날 밤에 그녀는 자신에 대한 이야기를 조심스레 꺼냈다. 사실 학교 다닐 때 왕따를 당했던 적이 있었다고. 그래서 자신은 사람과 관계를 맺는 것이 조심스럽다고.

"쉰짜이, 너와 친구가 될 수 있어서 정말로 기뻐."

짧은 문장 속에 그녀의 진심이 꾹꾹 담겨 있었다. 나는 위로의 말을 건네야 할지, 고마움을 전해야 할지 몰랐다. 내가 표현할 수 있는 단어로는 그 어느 쪽도 진심을 담아내지 못할 것 같았다. 새벽 일찍 귀국 편 비행기를 타기 위해 잠든 그녀를 두고 먼저 나왔다. 고마웠다는 말과 다음에 한국에 놀러 오라는 메시지를 남긴 채. 그녀와 나 사이에 로맨스는 없었다.

시간이 흘렀다. 긴 시간의 축에서 가끔 주고받았던 대화는 "How are you?"로 시작해 "Take care of you"로 끝났고 점점 더 무슨 말을 해야 할지 몰랐다. 국경 너머의 메시지는 바쁜 현실 속에서 점차 빛이 바랬다. 눈에서 멀어지니 마음에서도 멀어졌다. 내가 가는 길에 새로운 인연들이 나타났고, 현재가 정해준 상대와 바삐 만났다. 그렇게 슐린이 잊힐 때쯤, 그녀에게서 연락이 왔다.

"쉰짜이, 잘 지내? 나 이번에 부산에 가."

슐린2

"쉰짜이, 잘 지내? 나 이번에 부산에 가."

몇 년 만에 그녀에게서 메시지가 왔다. 5년 전 홍콩에서의 추억이 마지막이 될 것으로 생각했다. 그런데 이번에 그녀가 한국에 오다니. 그것도 부산에 일주일간 묵을 예정이라고 했다. 기분이 묘했다. 이번에는 내가 가이드가 되어 주어야 하는데. 왠지 반가움보다는 의무감이 마음을 휘감았다. 우리는 서로에 대해 아는 것이 없었다. 나는 그녀를 몰랐고 그녀도 나를 몰랐다. 무형의 호감이 우리를 홍콩까지 이끌었을 뿐. 우연의 길이는 이로써 끝났다고 생각했다. 이렇게 한 번 더 만날 줄은 몰랐다. 미묘한 감정으로 생각이 복잡하던 참에 그녀가 덧붙였다.

"그리고 내 언니와 언니의 아들이랑 함께 갈 거야."

가족여행이란 말인가. 7살짜리 사내아이 한 명과 30대 여성 두 명을 데리고 어떤 가이드를 해주어야 할까. 마치 1차 방정식이 3차 방정식으로 진화한 것만 같은 느낌. 그럼에도 너의 스케줄을 알려주면 일정에 맞춰서 가이드를 해주겠다고 했다. 그녀에게 지난 호의를 갚고 싶다는 마음만큼은 선명했으니까.

이틀 정도 그녀 일행과 일정을 맞출 수 있었다. 이틀 중 첫날은 저녁 식사를 대접하고 마지막 날은 해운대 바다를 보여주기로 했다. 지난 5년간 그녀는 어떻게 바뀌었을까. 흑발에 어깨 밑으로 내려왔던 긴 머리는 여전할까. 유난히 혀를 굴리며 자신감 넘쳤던 영어 발음도 그대로일까. 나를 보며 장난치듯 웃던 그 미소도.

부경대역에서 만나자고 했다. 교환학생 시절의 첫 향수를 옅게나마 기억할 수 있을 것 같아서. 나는 약속 시간보다 10분 일찍 역에 도착했다. 저녁 시간의 대학가는 여전히 사람들로 붐볐으나, 예전에 비해 그 밀도의 감소가 눈에 보였다. 아이오닉 택시가 내 앞의 대로변에 정차했고, 문을 열고 그녀가 나왔다. 옛날과 비슷했다. 갈색으로 염색한 머리카락만 빼고. 그녀 일행에게 "Hey, Nice to meet you" 같은 기초 영어 인사를 건넸다. 슐린의 시스터는 이름이 잉펑이라고 했다. 아들은 샤오원. 아, 그리고 잉펑은 슐린의 친언니가 아니었다. 대학 시절 룸메이트였다고. 간단한 자기소개를 한 뒤 그들을 이끌고 근처에 있는 삼겹살 가게로 데려갔다.

슐린은 삼겹살을 종이컵에 담긴 물에 적셔 먹었다. 눈이 휘둥그레지며 '왜 저렇게 먹지'라는 생각이 들었지만 입 밖으로 꺼내지는 않았다. 식사를 하며 "잘 지냈어?" "부산에 다시 오니 어때?"라는 질문 외에 할 말이 떠오르지 않았다. 짧은 내 영어 실력 때문인지 식어버린 내 마음 때문인지. 마음은 지식처럼 주입할 수 있는 것이 아니지. 식은 우정이 마음으로 느껴져서 왠지 씁쓸했다.

식사를 마친 후에 커피를 포장해서 캠퍼스를 거닐었다. 매일 걷던 길이 평생을 걷지 못할 길이 되기도 한다. 국경

이란 장막이 사라진 옛길을 선사하고 싶었다. 그녀 두 눈과 두 발로 아스라한 추억의 망울이 터지길 바랐다. 나는 샤오원과 적당히 놀아주며 두 여성의 오붓한 시간을 만들어 줬다. 그러면서도 마음 한편에 내가 지금 무얼 하고 있는지 의뭉스러웠다. 나는 친구인가, 가이드인가, 변제자인가. 혹시 나는 그녀를 좋아했었나.

그들과의 첫 일정이 끝나고 며칠이 지나 두 번째 일정이 다가왔다. 해운대에서 바다를 보고 미포역 캡슐 열차를 타러 가는 날이다. 그들을 내 차에 태워 데려다주기로 했다. 그런데 만나기로 한 시간이 다가오자 슐린에게서 연락이 왔다. 1시간 정도 늦어질 것 같다고. 나는 괜찮다고 대답했다. 그러나 사실은 괜찮지 않았던 것 같다. '그럴 수 있지'라고 최면을 걸었다. 이윽고 그들이 나타났다. 이제 출발하면 되겠거니 생각하던 찰나에 잉핑이 머리를 감아야 한다고 말했다. 호텔에서 머리도 안 감고 온 것인가. 그리고 미용실에 샴푸 서비스가 따로 있는지도 처음 알았다. 그녀는 자기 손으로 머리를 감지 않는다고 했다. 슐린이 보충 설명을 해주었다. 잉핑은 차(茶) 사업 대표라고, "Rich girl". 그 말을 듣고서야 어느 정도 납득이 갔다. 주변의 가까운 미용실을 찾아 'Rich girl'의 머리까지 샴푸한 후에야 우리는 겨우 출발할 수 있었다.

그들을 태우고 해운대 미포역으로 향했다. 광안대교를 지나는 길에 바다와 빌딩 위로 뭉게구름이 걸려있었다. 나는 말했다.

"Look."

핸드폰에 시선을 두고 있던 슐린과 잉핑이 고개를 들어 창밖을 바라봤다. 곧장 예쁘다고 하며 사진을 찍었다. 좋아하는 그녀들을 보니 지각의 미움이 용서가 됐다. 해운대에 도착하고 바다가 내려다보이는 비탈길에서 잉핑의 사진을 찍어주었다. 그녀는 아들에게도 폰을 쥐어주며 열심히 자신을 찍게 했다. 잉핑은 한 아이의 엄마이지만 여전히 소녀 같은 여성이었다.

미포역으로 걸어가는 길에 소금빵도 먹고 커피도 마셨다. 그때마다 그들이 여분의 포장분을 구매하고 내게 선물이라며 건네주었다. 한사코 거절했지만 그들은 끝끝내 고집을 꺾지 않았다. 미포역에는 평일임에도 외국인 관광

객들로 인파가 넘쳤다. 매표소에서 제일 이른 탑승 시간이 2시간 뒤라고 했다. 저녁에 할 일이 있었으므로 나는 캡슐 열차를 못 탄다고 슐린에게 말했다. 동행은 할 수 없지만 마지막까지 그들을 위하고 싶었다. 영어와 한국어를 섞어가며 어린이 할인이 포함된 티켓 구입을 도왔다. 그리고 왕복에 관련된 유의 사항을 그들에게 설명했다.

"갈 땐 20분 일찍 미리 줄을 서 있어야 해. 그리고 종착역은 송정역이니까 중간에 내리면 안 돼. 21시에 종점역의 마지막 열차가 출발하니까 그전에 어떤 열차든 타고 돌아와도 돼."

한국어를 전혀 모르는 까막눈 세 명이 낯선 왕복의 여정에서 길을 잃지 않기를 바랐다. 어느새 햇빛이 붉어지기 시작했다. 이제 나는 가야 한다. 잉펑이 내게서 몸을 돌리며 눈가에 맺힌 눈물을 숨겼다. 슐린이 말했다. 잉펑은 감성적인 친구야, 네가 친절해서 고마웠대. 짧은 만남 뒤 영원할 부재에, 나는 그녀처럼 눈물을 흘릴 수 있을까. 왠지 내 마음도 먹먹해졌다. 그리고 고마웠다. 나라는 존재의 부재를 눈물이라는 형체로 남겨 주어서.

"남은 한국 여행 재밌게 보내고, 언제든 도움이 필요하면 연락해."

담백한 말로 그들에게 작별 인사를 건넸다. 아마 슐린과 잉펑을 본 마지막 날이 되겠지. 마음속에는 먹먹함과 안도감이라는 어울리지 않는 두 감정이 공존했다.

웃어도 좋고 울어도 괜찮아

 이슬아 작가의 북콘서트에 다녀온 적이 있었다. 마침 독서 모임에서 그의 신작 《끝내주는 인생》을 읽기로 했던 터라, 작가님이 직접 들려주는 책 이야기를 코앞에서 들을 생각에 다소 설레기까지 했다. 연말인지라 밖은 꽤 쌀쌀했다. 집 안에서 들리는 세찬 바람 소리로 추위를 예상할 수 있었다. 겨울의 추위를 코트라는 낭만으로 감싸야지. 장롱에 보관돼 있던 검정 맥코트를 꺼내 입고 회색빛 캐시미어 목도리를 둘렀다. 연말 느낌 가득, 그렇게 낭만을 걸치고 행사장으로 향했다.
 약 300명의 열렬한 독자들이 스파르타 300의 군단처럼 질서 정연히 행사장에 들어섰다. 마치 연예인 팬미팅을 온 것처럼 사람들의 얼굴은 기대로 상기되어 있었다. 젊은 여성 독자들이 많았고 생각보다 중년의 독자들도 눈에 띄었다. 무대 뒤편의 커튼을 젖히며 고목나무와 매미 같은 두 사람이 나타났다. 키가 큰 이훤 시인과 키가 작은 이슬아 작가였다. 주인공의 등장에 아이돌 콘서트처럼 이슬아 작가의 신간을(형광봉 대신) 흔들었다. 그런 분위기였다.

이번 북콘서트는 이슬아 작가와 그의 남편 이훤 시인이 함께 진행했다. 그런데 이 남자 틈만 나면 눈시울이 빨개지는 것 아닌가. 시를 낭송하다가도 한 번, 본인의 자작곡을 부르다가도 또 한 번. 나도 MBTI 검사를 할 때면 높은 F 지수를 받곤 하는데, 그의 F 앞에서 나는 빈약한 f처럼 보였다. 이슬아 작가는 그런 남편을 전혀 부끄러워하지 않았다. 오히려 눈에서 꿀이 떨어지듯 그를 바라보며 귀여워하고 사랑스러워했다. 그러고선 시선을 돌려 청중들에게 말했다.

"우리나라 남자들은 잘 울지 않는 것 같아요. 점차 소년의 감수성을 잃는 것만 같아요. 저는 잘 울 수 있는 것도 중요하다고 생각해요. '소년성'을 잃지 않았으면 좋겠어요."

아내의 격려에 남편은 눈물을 훔치며 수줍게 웃었다. 이슬아 작가는 덧붙여 말했다.

"이훤 시인은 자주 멈추는 사람이에요. 함께 길을 걷다가도 어느새 옆에 그가 없어지곤 하는데요. 뒤돌아보면 카메라를 들고 무언가를 찍고 있더라고요."

삶의 구석까지 눈 맞추며 사진으로 남기는 그래서, 감정의 구석까지 소중히 여기는 거구나. 키다리 아저씨처럼 보였던 그가 점차 키가 큰 소년처럼 보였다. 그의 생이 여전히 봄날의 생기로 넘쳐날 것만 같았다.
'소년성'이라는 단어를 북콘서트 내내 곱씹었다. 웃고 우는 감정에 솔직하고, 첫눈의 시선으로 세상을 찬찬히 바라볼 수 있는 성질, 마치 이훤 시인처럼.

'그래, 어른은 울면 안 돼?'
'작고 무용한 것들을 좋아하면 안 돼?'

남들이 그를 찌르면 왠지 내가 찔릴 것만 같았다. 그가 내 마음에 섞이는 걸 보니 나도 그런 사람이었나 보다. 선명히 떠오르는 나의 기억의 파편들은 소년의 추억이 잔뜩 담긴 것들이구나.

뜬눈으로 밤새 읽었던 파울로 코엘류의 《연금술사》와 여름이면 뛰어들었던 '구룡포 바다'. 그리고 친구들과 말뚝박기하며 자지러졌던 '웃음'과 만화 《가시고기》를 보고 펑펑 흘렸던 '눈물'까지. 그 모든 파편이 잘리지 않는 필름이 되어 머릿속에 영사된다. 그런 선별된 기억들이 차곡차곡 쌓여 나라는 사람의 성질이 만들어졌다. 그 선별에는 선천적 기호가 담겨 있었던 것일까. 그럼 나는 소년의 마음을 타고난 사람.

섭리대로, 매일 어른이 되어 가면서 매일 소년과 멀어졌다. 그래서 내 마음의 이름을 잊고 지냈나 보다. 사회는 나에게 의젓해지기를 세상을 크게 바라보기를 기대했다. 유치한 감정은 죽이고, 문학 서적 대신 경제 서적을 읽으며, 큰 미래로 달리는 그런 하루들을 보내기를. 어떤 날에는 일기를 다시 써볼까 하여 펜을 쥐었지만 아무 말도 적지 못했다. 아주 조금씩 죽어가는 내가 슬펐다.

죽음을 앞둔 이어령 선생님과 나눈 대담을 옮겨놓은 김지수 작가의 《이어령의 마지막 수업》이라는 책이 있다. 대담 중에 이어령 선생님께서 존재에 대한 질문을 던진다. 너답게 존재했느냐고, 너의 이야기로 존재했느냐고. 생(生)에서 사(死)로 넘어가는 이가 남긴 질문을 눈으로 읽으면서 동시에 마음이 저릿했다. 나답게, 나의 이야기로, 존재하는 것. 나는 철학자가 아니기에 '인간의 존재 의미'에 대한 우주적인 정의를 내놓을 수는 없다. 그러나 '나의 존재 의미'에 대한 정의는 퍽 소박해서 내어놓을 수 있다.

6km를 자주 달리고, 하루키의 책을 읽고, 90년대 로맨스 영화를 다시 보고, 김치찌개를 먹고, 적색 포도주에 취하고, 꽃과 구름을 바라보고, 많이 웃고 가끔 울고, 누군가를 사랑하고, 그런 순간에 나는 존재를 느낀다. 나답게 나의 이야기로 존재하는 뭉치들을 풀어놓고 보니 행복은 작지만 늘 근처에 있었다, 길가의 세잎클로버처럼. 가끔 크게 행복할 바에야 자주 작게 행복하고 싶다.

이슬아와 이횐의 이야기로 되찾은 '나의 마음' '나의 소년'에게 손을 내민다. 함께 끝내주는 인생을 살아가자고. 세상의 희로애락과 저마다 고유한 매일을 기꺼이 투명하게 들여다보자고. 내 창으로 보이는 세상이 당신의 마음에도 담길 수 있기를.

오늘은 그런 날이다. 겨울잠을 자던 개구리가 꿈틀거리기 시작하는 절기일 수도 있고, 가로수의 벚꽃 망울이 터지는 봄의 시작일 수도 있다. 오늘은 동네 도서관에 들러 무라카미 하루키의 신작 《도시와 그 불확실한 벽》을 읽어볼 수도 있고, 집에서 봄날의 햇볕을 쬐며 스르르 달콤한 낮잠에 빠질 수도 있다. 오늘은 헤어진 연인이 꿈에 나올 정도로 외로움에 사무칠 수도 있고, 퇴근 후에 삼겹살 가게에서 보는 대학 동기의 얼굴에 반가움이 가득 피어날 수도 있다. 그 모든 것들에 무디지 않고, 그 모든 것들에 한 걸음 다가서겠다는 마음으로 글을 쓴다.

내일도 무용한 것들을 반기고 책을 읽고 영화를 본다. 나무에서 피어나는 꽃과 잎으로 계절을 헤아리고 괜스레 사진을 찍어보기도 할 테다. 사람에게 다가가고 때론 다치기도 하며 새로운 하루를 마주하는 나날. 웃어도 좋고 울어도 괜찮다. 소박하지만 '끝내주는 인생'이다. 나뭇가지들에서 초록 생명이 피어오른다. 어느새 겨울이 지나갔다. 눈이 녹으면 봄이 된다.

2부

사랑이다

무소식이 희소식이라는 말

어머니에게 전화를 거는 횟수가 줄어들고 있다. 독립한 지 어언 7년, 고향을 떠난 아들의 얼굴을 까먹은 건 아닌가 싶어 전화를 걸 때면 어머니는 이렇게 말씀하신다.

"아들, 무소식이 희소식이다. 건강하게 잘 지내기만 하면 된다."

그런 어머니의 말에 내 마음은 느슨해져 갔다. 바쁜 나날을 보내며, 사람들 속에 섞이며, 나조차 희미해져 갈 때, 당신에게 나는 여전히 희소식일까.

1997년 IMF가 터지고 아버지의 사업이 실패했다. 부산 해운대에 살았던 우리 가족은 아버지의 고향 포항 구룡포로 이사를 갔다. 넓은 아파트에서 작은 셋방으로 옮겼다. 처음으로 가난이 느껴졌던 순간은 아버지가 내 저금통에 든 돈을 가져갔을 때다.

텅 비어버린 돼지 저금통에는 부피가 없는 슬픔만이 가득 찼다. 그 슬픔이 소리 없는 지폐와 달그락거리는 동전으로 다시 채워지기까지 3일, 그동안 아버지는 얼마나 괴로웠을까. 유복한 환경에서 귀하게 자라기만 했던 어머니는 그때부터 험하게 살아갈 수밖에 없었다. 자신이 숨쉬기하기 위해 그리고 당신의 자식들을 먹여 살리기 위해.

분명 힘들었던 시기였지만 힘들지만은 않았다. 나는 한 학년에 한 반밖에 없는 작은 시골 초등학교에 다녔고, 거기 애들의 집 사정 역시 고만고만했다. 구룡포의 아이들은 오래된 주택 혹은 빌라에 살았다. 그때 그곳은 오늘날의 신축 아파트도 뺑뺑이 학원도 없었다. 아파트로 서로의 등급을 나누거나 학원에 다녀야 친구를 사귈 수 있는 그런 동네가 아니었다. 구룡포에서는 방과후에 '경찰과 도둑' 같은 놀이를 하고, 모래 운동장에서 함께 평등하게 그을려갔다. 어머니는 내가 부족함 없는 아이가 되도록 따로 과외도 붙여주고, 옷도 자주 사 입히고, 한의원에서 키 크는 약도 지어주곤 했다. (별 효과는 없었다)

돌이켜보면 어머니는 나를 크게 꾸짖거나, 회초리를 든 적이 없었다. 당신의 어려움이 자식에게 곤란함이 되지 않기 위해 늘 자신을 희생하셨다. 미안함 때문이었을까. 그래서 내겐 그 누구보다도 '무해한 사람'이었다. 사람은 사람에게 분명 해를 입는데, 내가 절대로 해를 입지 않을 유일한 사람. '내게 무해하다'라는 것이 어떤 의미인지 최근까지도 알지 못했다. 소설 《내게 무해한 사람》을 읽고 작가의 인터뷰를 보기 전까지.

최은영 작가는 한 매체*와의 인터뷰에서 무해한 사람을 이렇게 표현했다.

"누군가에게 무해한 사람이라고 생각되는 사람이라면 '저 사람은 나를 편하게 해주는 사람, 내게 상처를 주지 않는 사람'이라고 받아들여지는 사람이라면, 실은 대부분 그 사람이 뭔가를 참고 있을 거라고, 힘든 부분이 있을 거라고 생각해요."

---

* 알라딘서재, 〈내게 무해한 사람〉 최은영 작가 인터뷰

사실 알고 있었지만 애써 감춰왔던 불편한 진실. 나는 어쩌면 당신이 찬란했을 시절의 양분을 먹어치우며 자라왔다는 것을. 당신의 아픔을 알면 더 이상 자랄 수 없을 것 같아 끝끝내 외면해 왔던 사실을.

옛날의 아픔들은 지금의 안줏거리가 되었다. 더 이상 저금통이 비워질 일이 없고, 사랑한다는 말을 서슴지 않고 꺼내놓을 수 있는 심적 여유도 생겼다. 그럼에도 어머니는 여전히 악착같이 살아간다. 늘 내게 당부하는 것은 단 한 가지. 그리고 여전히 신경이 쓰이는 맺음말.

"아들, 행복하소서. 건강하소서."
"아들, 무소식이 희소식이다."

이 한 문장에 숨겨진 행간을 읽기가 두려워 또 덮어두고야 만다. 너무 늦기 전에 그 행간마저 꼭꼭 씹어서 소화할 수 있는 내가 되길. 당신의 진정한 희소식이 될 수 있길. 나의 빛이 당신에게도 가닿을 수 있길. 언제나 당신이 내게 그랬던 것처럼.

만우절의 사랑

 버스 정류소까지 바래다주는 길에 쭈뼛거리는 내 모습에서 고백이 시작되리라는 걸 너는 아마 알았을 테다. 그럼에도 모르는 척 무슨 일 있는 거냐고 물어봐 준 너였다. 굳게 다문 입은 턱 끝까지 차오른 말을 삼켰고, 어색한 정적이 한동안 이어졌다. 결국 소리 없는 아우성에 못 이겨 입 밖으로 꺼내놓은 고작 3음절의 말, 좋아해. 곧이어 버스가 왔고 너는 바로 답을 주지 않았다.

 지옥 같던 며칠이 지났다. 너에게서 먼저 연락이 왔다. 공강 시간 때 잠깐 보자고. 우리는 학교 정문 앞 만화카페에서 만났다. 마치 아무 일도 없었다는 듯 우리는 꽤 자연스러웠다. 그렇게 서로 만화책을 보다가 자꾸만 눈이 마주쳤다. 장난스레 네 눈을 길게 응시하며 눈싸움을 걸었을 뿐인데, 너와 나의 얼굴은 점차 가까워졌다. 네 눈동자에 비친 내 얼굴이 보였고, 네 숨 쉬는 소리만이 귓속을 공전했고, 네 향긋한 체취에 심장이 뜨겁게 달아올랐다. 잠깐의 침묵이 흘렀다.

"선배, 지금 몇 시예요?"
"16시 50분."

17시 전공 강의를 들으러 가는 너를 캠퍼스까지 바래다주고 나는 집으로 향했다. 가는 길에 네게서 카톡 메시지가 왔다. 강의가 끝나고 저녁에 또 보자고.

만나기로 한 시간보다 10분 일찍 나와 캠퍼스를 서성였다. 저 멀리서 작고 귀엽고 예쁜 네가 모습을 드러내며 나를 향해 다가오고 있었다. 가슴이 뛰었다. 기다림 또한 두근거리는 데이트라는 것을 그때 알았다. 날이 어둑해지기 시작했다. 우리는 캠퍼스 주변을 걷다가 한 아파트 단지의 놀이터에 갔다. 벤치에 앉아 말없이 앞만 바라보고 있을 때 네가 대뜸 말을 꺼냈다.

"좋아요. 대신 날 많이 사랑해 줘야 해요."

우리는 그날 사귀었다. 4월 1일 만우절에. 네가 언젠가 말했다.

"오빠는 나를 안심되게 만들어 줘요. 내가 어떤 사랑을 주어도 오빠는 항상 더 큰 사랑을 주니까."

그러나 2년 뒤에 우리는 헤어졌다. 아무리 강한 마음도 긴 시간 축 안에서는 스러지나보다. 그럼에도 거짓이 통용되는 날에 거짓말 같던 그날이 지금에도 나에게는 최고의 순간 중 하나다.

슬픔은 쌓여만 간다

쌓인 서류를 처리하느라 늦게까지 야근했다. 마지막 퇴청자로 회사를 빠져나와 지하철로 향했다. 날은 짙게 어둑해져 있었다. 화요일 밤 9시 지하철엔 사람이 많지 않다. 출입문 쪽과 가까운 맨 끝자리에 앉아서 주변을 둘러봤다. 몇몇은 여행을 가려는지 혹은 다녀왔는지 캐리어를 앞에 두고 있고, 몇몇은 핸드폰 화면을 바라보고 있고, 몇몇은 그저 눈을 감고 있다. 나는 보통 책을 읽거나 눈을 감고 자거나 하는데, 오늘은 멍하니 앉아 생각에 깊이 잠긴다.

평온하기 짝이 없는 부산 2호선 1호차 안, 그러나 지금도 어디선가는 시간이 흐르는 것만으로도 슬픔은 쌓여만 간다. 세상에서 제일 슬픈 말은 전할 수 없는 말. 수취인은 있는데 주소가 하늘에 있어 닿지 못한 말. 그렇게 10년 동안 쌓이기만 한 말. 간절한 그 말들은 단 하나의 공통된 단어.

"사랑해."

그 간단한 말 한마디가 이제는 닿을 수 없어, 어디선가 슬픔은 쌓여만 간다.
개찰구를 빠져나와 집으로 터벅터벅 걸어가는 길에 어떤 이의 가방에 달린 노란 리본을 본다. 어디선가 이름 모를 누군가가 이름 모를 누군가를 여전히 애도하고 있다. 당신의 슬픔에 조금이나마 위로가 될 수 있기를.

사랑을 말하는 남자들

사랑 이야기를 좋아한다. 책과 영화를 통해 온갖 사랑의 비유와 은유를 훔쳐보고 서랍 속에 간직하곤 한다. "헤어지자" 했던 그녀의 말을 그녀의 마음으로 톺아보고 싶어서. 앞으로 마주할 사랑의 갈래길에서 나침판처럼 꺼내보기 위해서. 소설 무라카미 하루키의 《노르웨이의 숲》과 양귀자의 《모순》 또는 영화 〈패밀리맨〉과 〈500일의 썸머〉를 해마다 곱씹어보면서 말이다.

풋내기 대학생 시절부터 사랑의 정의를 찾으려고 했다. 주로 시인의 시를 빌려 사랑을 탐독했다. 이를테면 장석남 시인의 시 〈배를 매며〉에서 사랑을 말하길, 사랑은 부

둣가에서 갑자기 날아온 밧줄로 배를 매는 것 그리고 구름과 빛과 시간이 함께 매어지는 것이라고 했다. 독학에 그치지 않고 친구들과 사랑을 공유하고 싶었다. 밖에서 술을 마시며 놀다가 기숙사 통금 시간을 놓칠 때면, 학교 근처의 친구 자취방에서 신세를 지곤 했다. 6평 남짓한 친구의 자취방 바닥에 누워 어두운 천장을 바라보며, 이런 질문들을 던졌다. 사랑이 뭘까, 좋아하는 것과 사랑하는 것의 차이는 뭘까, 왜 사랑은 식고야 마는 걸까, 어쩌면 감성에 취해 스스로에게 던지는 혼잣말들.

"또 센치해졌노. 고마 자자."

친구는 경상도 남자의 무뚝뚝함으로 답하고 등을 돌린 채 이내 곯아떨어졌다.

그가 그랬듯 보통 남자들은 이런 얘기에 자신의 마음을 꺼내놓기 쑥스러워한다. 하지만 난 늘 사랑을 말하기 주저하지 않았고 부끄러워하지 않았다. 천성일 수도 있고 첫사랑이 남겨준 유산일 수도 있다. 당신이 날 보며 발갛게 웃어주었던 기억의 조각 덕분에. 희미했던 내 존재와 내 시간이 당신 덕분에 선명해졌던 경험이 있어서. 그래서 더 알고 싶었다. 다음번엔 사랑을 더 잘하고 싶었으니까.

사랑을 정의하기 귀찮아하던 녀석들이 어느덧 하나둘 먼저 결혼하고 아버지가 되고 있다. 이제는 나보다 전문가들일 테지만, 더 이상 그들에게 사랑이 무엇이냐고 말로 꺼내놓지 않는다. 이들은 삶으로 사랑을 체득해 가고 있고, 철학이라는 복잡한 학문으로 구태여 그 의미를 번역하고 싶지 않을 테니. 내 감성을 받아주지 않아도 괜찮다. 우리가 결이 비슷해서 친구가 된 것은 아니니까.

학교라는 울타리는 서로를 우연으로 엮어준다. 네가 내 짝꿍이어서, 집 가는 방향이 같아서 따위의 것들. 우연이 만들어 준 토대 속에서 우리는 '함께'의 순간을 만들어 나가면서 단단해졌다. 즐거움과 슬픔을 함께 겪으며 깊어졌다. 애초부터 감정의 선이 비슷해서 우리가 만난 것이 아닐 뿐. 그럼에도 우리는 여전히 좋은 친구다.

요즘은 '끼리끼리' 만난다. 취향과 결이 비슷한 사람들을 자주 만나고 있다. 독서 모임 사람들이 그렇다. 그들과 만날 때는 요즘 무슨 책을 읽는지로 근황을 얘기한다. 모임에서 선정된 책을 읽는 사람도 있고, 본인이 읽고 싶었던 책을 읽는 사람도 있다. 최은영, 이슬아, 아베 코보, 조지 오웰 등 다양한 작가의 책들이 언급된다. 책으로 시작된 이야기는 어느새 사랑, 행복 따위의 관념들로 초점이 옮겨진다. 우리는 소크라테스마냥 그것들의 정의를 설파한다. 최근에도 남자 셋이 새벽까지 와인을 마시며 그런 이야기들만 잔뜩 한 적이 있다.

독서 모임에서 만난 D에게서 연락이 온 날이었다. 4월 20일이 S 생일인데 별일 없으면 저녁이나 함께 먹지 않겠냐고 D가 물었다. D는 나보다 몇 살 많은 형인데 워낙 다정다감한 사람이라, 작년 내 생일에도 미역국을 직접 챙겨준 사람이다. D가 내가 살고 있는 동네로 직접 넘어오겠다고 했다. 대연역 근처에 정갈한 김치찌개 식당이 떠올라서 어떠냐고 물었다.

"여기 근처에 김치찌개 잘하는 식당이 있는데 어때요? S한텐 제가 말해놓을게요."
"좋아, 그럼 7시에 보자."

당일 오후에 집에서 칠레산 소비뇽을 마시며 영화 〈대부 2〉를 봤다. 알파치노와 그 일당들이 와인을 물처럼 마시다 보니 나도 모르게 와인을 자주 머금고 삼켰다. 거절할 수 없는 제안을 하겠다는 알파치노의 카리스마에 몰입되니 3시간이 훌쩍 지나버렸다. 날이 어둑해졌고, 창밖엔 비가 내리고 있었다.

약속한 시각에 맞춰 집을 나섰다. 세로로 비가 쏟아지는 거리를 10분쯤 걸어 식당에 도착했다. D가 먼저 와 있었고 곧이어 S가 도착했다. 김치찌개 3인분을 주문하고 맥주 한 병 소주 한 병을 시켰다. 김치찌개를 팔팔 끓이고 술잔을 채운 뒤 "S 님 생일 축하해요"라고 말하며 건배했다. 밖에는 여전히 비가 보슬보슬 내리고 있었다.

2차로 자리를 옮겼다. 근처 맥줏집으로 가려다가, 생일인데 분위기도 낼 겸 와인을 사서 우리 집으로 가자고 했다. 집에 레드 와인 한 병이 있었기 때문에 화이트 와인을 사는 게 더 좋지 않을까 생각했다. 달지 않고 적당히 드라이한 화이트 와인이 떠올랐다.

세븐일레븐에 들러 와인 진열대를 둘러보다가 칠레산 '몬테스 알파 샤도네이'를 골랐다. 네티즌 평으로는 열대과일 풍미에 달지 않고 산미가 괜찮은 와인이라고 했다. 안주로 빠다코코넛과 제크 같은 비스킷을 샀다.

집에 도착하고 둘에게 문 앞에서 잠깐만 기다려 달라고 했다. 급한 청소부터 했다. 널브러진 옷가지들을 주워 담고, 돌돌이 테이프로 카펫 위를 돌돌 닦았다. 전등을 끄고 은은한 주황빛이 퍼지는 무드등을 켰다. 그런 다음 분위기에 걸맞은 노래를 틀었다. 이 둘이 근래에 왕가위 감독 영화 〈중경삼림〉과 〈패왕별희〉를 봤다고 들어서, 왕가위 영화의 미장센 가득한 OST를 틀었다.

와인 잔에 화이트 와인을 적당히 따르고 건배를 했다. 우리에게 서론은 필요 없었다. 본론부터 바로 튀어나왔다. 바로 '사랑'. D가 말했다. 아무런 고민 없이 그저 사랑만 하고 싶다고. 그 말에 고개가 끄덕여졌다. D가 하림의 노래를 듣자고 했다. 하림이 음악 프로그램에서 〈사랑이 사랑으로 잊혀지네〉를 부르는 영상을 틀었다. D는 노래 속 '속절없이 날 울린 너'라는 가사의 '속절없이'라는 표현이 적확하다고 했다.

"저 가사를 쓰기 위해 얼마나 고민했을까."

봉우리같이 생긴 투명 잔을 부드럽게 흔들었다. 작게

일어나는 와인의 소용돌이를 지켜보며 하림의 노래를 마저 들었다. 이번엔 내가 〈500일의 썸머〉 마지막 엔딩씬을 보자고 했다. 톰이 썸머를 보내고 어텀을 만나게 되는 그 장면을. 영화 〈500일의 썸머〉의 마지막 장면을 간단하게 소개하자면 이렇다.

평범하지만 특별한 여자 썸머를 만나 사랑에 빠진 톰. 그녀와 헤어지고 나서 톰은 한동안 슬픔에 허우적댄다. 누구나 그렇듯 이별에는 시간이 약인 법. 허우적거린 시간 끝에서 톰은 자신부터 되찾기로 결심한다. 꿈을 좇아 구직 활동을 하던 톰이 면접을 보러 한 회사에 방문한 날, 그날 그는 또 다른 면접 대상자인 한 여성을 만난다.

어디선가 자신을 본 것 같다는 그녀의 말에, 계속해서 웃게 되는 자신의 얼굴에, 자신의 면접 차례가 다가왔을 때 톰은 깨닫게 된다. 필연적으로 이루어지는 운명이란 것은 없고, 용기가 우연을 운명으로 바꿔준다는 것을. 톰이 용기를 내어 말한다. 면접을 마치고 차 한 잔 같이 마시자고. 그녀는 잠시 고민하더니 이를 받아들인다. 이어지는 자기소개가 별미다.

"제 이름은 톰이에요."

"만나서 반가워요, 저는 어텀이에요."

그녀의 이름은 어텀(Autumn)이었다. 여름이 가고 가을이 온 것이다. 우연이 운명이 된 것. 톰이 용기를 내지 않았다면 어떻게 됐을까. 가을이 지나간 줄도 모르고 가을을 기다리며 살지 않았을까. 영화의 마지막 장면을 남자 셋 모두 숨죽이며 봤다. 썸머와 어텀을 각자의 이별과 운명으로 대입하며 봤을 테다. 엔딩 크레딧이 올라갈 때, 우리 셋 다 용기 좀 내자며 와인 잔에 와인을 채우고 쨍그랑 잔을 부딪쳤다.

어느새 와인을 네 병이나 마셨다. S는 이별의 감정에 심취해 있었다. 전 연애의 아쉬움과 후회를 열변했다. D는 와인을 마시니 기분이 무척 좋다고 했다. 이병률 산문집 일부를 직접 낭송할 정도였으니.

무언가를 함께 감상하면서 와인을 입안에서 굴리는 이런 순간을 오래도록 기억하고 싶다. 갖가지 사랑의 언어들을 계속해서 곱씹고 뱉고 다시 주워 담았던 밤. 흘러가는 시간이 아깝기만 했다. 사랑 이야기를 사랑 이야기로 답해주는 벗들. 내게는 이들이 어텀이지 않을까. 사랑뿐만이 아니라 모든 감성을 얘기할 수 있는 사람들이다. 다음번엔 더 맛있는 와인을 준비해야지.

소낙비와 거짓말

여름에는 소나기가 자주 내린다. 태양이 뜬 날도 태양이 저물고는 갑자기 세찬 비가 내리고는 한다. 나는 우산을 소지하는 걸 좋아하지 않기 때문에, 소낙비도 그저 맞자고 생각한다.

소낙비는 성가시지만 때로는 사랑이 싹틀 수 있는 계절적 장치다. 영화 〈클래식〉에서 갑자기 내리는 비에 조인성이 자신의 재킷으로 손예진과 같이 덮어쓰며 캠퍼스를 뛰어다녔던 것처럼 말이다. 내게 그런 로맨스는 없었지만, 소낙비 덕분에 따뜻한 마음을 전달받은 적은 있다.

회사에서 정리할 서류 뭉치가 있어 야근할 때였다. 밤

10시가 넘어갈 때쯤, 다른 팀 여자 선배가 먼저 퇴근하면서 다정한 인사를 건넸다. 평소에 좋아하고 존경하는 선배이기에 나 역시 다정함을 담아 "고생하셨습니다"라고 말했다. 그리고 10분 정도 뒤에 핸드폰에서 진동이 울렸다. 방금 퇴근한 그 선배로부터 온 전화였다.

"훈재야, 밖에 비가 세차게 오는데 우산 있어?"
"아, 괜찮습니다. 지하철역이랑 집이랑 가까워서요. 감사합니다."

그러자 선배는 우산 빌려줄 테니까 쓰고 가라며 사무실에서 기다리라고 말했다. 그 우산은 마음의 형체였다. 때로 보이지 않는 마음이 무언가 실체로 건네지기도 한다. 나는 우산으로 따뜻함을 건네받았다.

그날 퇴근하고 집으로 가는 길에 비는 내리지 않았다. 소나기답게 세차게 쏟아지다가 제풀에 지쳐 뚝 하고 그쳐버린 것이다. 결국 선배가 준 마음을 펼칠 일도 없었다.

다음날, 나는 커피 한 잔을 사서 선배에게 우산과 함께 건넸다. 선배는 '뭘 이런 것까지'라는 식으로 놀라면서 말했다.

"아유, 비도 안 온 것 같던데, 다행히 집 갈 때 비 안 오더제?"

"아니에요. 집 갈 때 잠깐 비가 또 내렸습니다. 덕분에 우산 잘 썼습니다. 감사합니다."

나는 하얀 거짓말을 했다. 보이지 않는 마음을, 들리는 말에 담아.

가벼움의 계절

여름은 무게를 벗는 계절이다.

봄철 입었던 두툼한 니트가 장롱 안에서 여름잠을 자고,

헐렁한 반팔 티셔츠가 세탁 바구니에 매일 담기는 계절.

바다나 계곡으로 휴가를 떠나며 근심이 줄어드는 계절.

여름에는 가벼워지고 싶다, 몸도 마음도.

열병

나는 몹시 앓고 있습니다. 흘러간 우리의 공기를 더듬을 때마다 마음속에서 신음 소리가 들려옵니다. 오늘은 당신에게 잘 보이고 싶었는데 그러지 못한 것 같습니다. 당신은 날 어떻게 생각할까요. 당신이 소중히 내준 시간 앞에서 나는 그저 석상이 되어버립니다. 당신은 메두사인가요. 나는 페르세우스가 되지는 않으렵니다. 몸이 굳을지라도 당신 앞에 서고 싶은 마음입니다.

굳은 나의 모습이 뜨거운 나의 마음이라는 걸 알아봐주지는 않으려나요. 마음은 모순입니다. 마음이 마음대로 되지 않습니다. 당신이 좋으면서 당신을 피하게 됩니다.

둘 사이 적막이 소리를 지배할 때, 나는 적막이 없는 곳으로 달음박질합니다. 적막이 우리의 인연을 부정하는 증표일까 봐요. 당신이 그 증표를 느끼지 않기를 바랐습니다. 그래서 도망쳤습니다. 나는 두려움 많은 겁쟁이입니다.

당신이 자주 생각났습니다. '사랑하다'의 유의어는 '생각나다'이지 않을까요. 근사한 식당에 갈 때나 달콤한 로맨스 영화를 볼 때면 당신이 저절로 떠올랐습니다. 맑은 하늘 아래 윤슬이 반짝이는 바다로 드라이브를 갈 때면 옆자리에 당신이 있기를 바랐습니다. 갑작스레 비가 쏟아지는 날에는 우산을 챙겼을지 당신을 먼저 걱정했습니다. 정작 내 우산은 없으면서요. 언제부터 제 마음이 붉어졌을까요. 투명 비커의 색을 뺏는 스포이트 한 방울처럼 순식간에 나는 당신으로 물들었습니다.

무엇으로 당신이라는 방울이 맺혔을까요. 잘 모르겠습니다. 원인 없이 어느새 결과에 이르러 있는 것이 사랑인가 봅니다. 그런데 혼자만 부푸는 이 마음을 사랑이라 불러도 될지 모르겠습니다. 짝사랑이라고 해야 할 것 같습니다. 비록 반달의 마음이지만 그 크기가 결코 작지 않습니다. 그러나 그만큼 시린 마음도 작지 않습니다.

마음은 보이지 않는 것이라서 당신의 작은 행위 하나마다 당신을 읽으려고 합니다. 아마 오독할 때도 있을 것입니다. 당신의 표정이라든가 메시지라든가 그런 것들에서요. 오독들이 내 마음을 어지럽힙니다. 이내, 나는 단념하고 맙니다. 혼자 좋아했다가 혼자 마음을 접습니다. 이별한 사람의 코스프레를 하면서 말입니다. 슬픈 영화를 보면서 와인을 마시고, 눈물을 쏟아내고는 마음을 비워냅니다. 그러다 또 후회가 몰려와 다시 당신을 잡으려 하지만 이미 지나간 버스는 눈앞에 보이지 않습니다.

나는 몹시 앓고 있습니다. 사랑은 왜 이리 어려운 걸까요. 처음 보는 내가 낯설고 또 낯섭니다. 나는 압니다. 이 아픔도 시간이라는 약으로 회복되리라는 것을. 당신은 추억의 한 편으로 남다가 스러지고 말겠지요. 누군가는 이런 말을 할 수도 있겠습니다. 왜 이렇게 소극적이냐고. 예의를 갖추되 당신이라는 미지의 영역에 기꺼이 발을 내밀고 탐구해야 하는 것, 그것이 사랑의 시도라고. 그 뜻을 머리로는 아는데 그 뜻이 행동으로는 옮겨지지 않습니다. 선 너머 당신의 영역에서 낯선 이방인이 될까 봐 두렵습니다. 혼자 헤매고 쓸쓸히 돌아올 것만 같은 두려운 마음에 그 선을 넘지 못하는 거겠지요.

　나는 두려움 많은 겁쟁이입니다. 사랑이 갈수록 어려워만 집니다.

가을을 닮은 사람

 토요일 하루 종일 방구석에만 있으니 좀이 쑤셨다. 초저녁에 얇은 아노락 재킷 하나를 걸친 뒤 산책을 나섰다. 날은 이미 어둑해져 있었다. 마땅히 갈 데는 없었다. 그냥 정처 없이 걸었다. 걷다 보니 한 초등학교를 둘러싼 골목길을 걷고 있었다. 이런 날엔 영화 〈중경삼림〉의 금성무처럼 트렌치코트를 입고 두 주머니에 손을 푹 찌른 채 걸었더라면 제법 폼이 났을 텐데.

 가로등이 안내하는 빛의 길을 저벅저벅 걷다 보니 나도 모르게 바닥의 많은 낙엽들을 부수고 있었다. 아, 가을이 지나가고 있구나. 고작 11월인데 벌써 말라 바스락거려 이내 부서지고야 마는, 짧은 생명의 낙엽이 안타까웠다. 가을은 건조한 계절이다. 쉽게 부서지고 쉽게 불에 타고 그리고 쉽게 쓸쓸해지는 그런 계절이다. 그렇다. 가을은 사람의 마음마저 낙엽처럼 만들어 버린다.

지나간 사랑 또한 낙엽이지 않을까. 아주 붉게 물들었던 관계는 물기가 빠지고 시들해져 바닥으로 떨어진다. 가을을 좋아했는데 사랑이 낙엽 같다면 더 이상 가을을 좋아하고 싶지 않다. 결국 바닥에 떨어져 누군가에게 밟히게 되는, 그런 계절을 기다리고 싶지 않다. 쓸쓸함을 잊기 위해 독한 위스키를 마시고 싶지 않다.

"우리 사이에 최선을 다하고 싶었는데, 마음대로 되지 않더라…."

지난 사랑에서 그녀는 최선을 다하고 싶었다고 말했다. 최선과는 다르게 단풍이 금세 낙엽이 되듯 우리 사이는 시들시들 말라 버렸다. 집에서 기르는 식물이라면 최선을 다해 물을 주고 흙도 갈아주면서 그 푸른 싱싱함이 오래도록 유지될 수 있을 텐데, 가로수에 매달린 잎사귀들은 그렇지 않다. 붉었던 단풍은 말라가고 바스락거려 이내 부서지게 될 운명이다. 물을 준다 한들 흙을 갈아준다 한들 그 운명은 거스를 수가 없다.

영화 〈중경삼림〉에서 금성무는 유통기한에 관해 얘기한다. 어느 물건이든 기한이 있다고. 정어리에도 기한이 있고, 미트소스에도 기한이 있다.

"만약 사랑에도 유통기한이 있다면 나의 사랑은 만년으로 하고 싶다."

금성무의 대사처럼 모든 것에는 유통기한이 있다. 삼각김밥에도 유통기한이 있고, 통조림에도 유통기한이 있다. 단풍에도 유통기한이 있고, 사랑에도 유통기한이 있다. 유통기한은 저마다 다르다. 삼각김밥은 일주일이고 단풍은 몇 주고 통조림은 몇 년이다. 금성무가 소망한 것처럼 내 사랑의 유통기한도 만년으로 하고 싶은데, 가을을 닮은 짧은 사랑이고 싶지 않은데….

가을의 사랑을 한 것은 내가 가을을 닮은 사람이어서일까. 나의 한구석에 쓸쓸함이 가득해서 그런 것일까. 향긋한 봄을 닮은 사람이고 싶었는데 나는 쓸쓸한 가을을 닮은 사람이었구나. 가을이 싫은 이유가 이제는 한 움큼 손에 쥐어지는데도 모래처럼 새어나가는 걸 보니, 그리고 어느새 손에 꽉 쥔 것은 가을에 대한 반가움인 걸 보니, 나는 정녕 가을을 닮은 사람이었구나. 그렇게 나는 트렌치코트를 반기게 되고, 알록달록한 산에 오르는 걸 좋아하게 되고, 바스러지는 낙엽에 마음이 동하게 되고, 맥주 대신 위스키를 찾게 되는구나.

그녀도 가을을 닮은 사람이었을까. 그래서 서로의 쓸쓸함에 끌려 만나게 됐고, 교집합이라곤 가을밖에 없어서, 가을의 낙엽처럼 우리 사이도 이내 바스러지게 된 걸까. 바스러질 운명에 대한 보상으로 짧게나마 그토록 강렬히 붉었던 것일까.

집으로 돌아가는 길에 마트에 들러 조니워커 레드라벨 한 병을 샀다. 짧게 지나가 버리는 이 가을을 더 외로이 흘려보내지 않기 위해, 〈중경삼림〉의 〈California Dreamin〉을 들으며 싸구려 위스키 한 잔을 들이켠다. 쓸쓸하고 고독한 나를 닮은 이 짧은 계절을 음미하며.

사운드 워킹

영화 〈봄날은 간다〉에서 사운드 엔지니어인 상우는 각종 자연의 소리를 채집한다. 털북숭이 마이크를 들고 헤드폰을 쓴 채 주변을 녹음한다. 파도가 밀려오는 소리, 하얀 눈이 내려앉는 소리, 바람이 갈대를 스치는 소리 그리고 그녀가 존재했던 소리. 흩어지는 소리를 한데 모아서 듣는다면 어떤 느낌일까.

울산 동구의 '슬도'라는 곳을 다녀왔다. 가을이 막 시작된 무렵이었다. 날씨는 적당히 포근했고 잎사귀는 반쯤 노랗게 물들었다. 소리에 집중하는 시간을 갖기 위해 '해파랑길 사운드 워킹'이라는 프로그램에 참여했다. '슬도-노애개안-대왕암공원-일산해수욕장' 코스를 3시간 정도 걸으며 자연의 소리를 듣는 프로그램이었다. 가이드님께서 한 손에 쥘 수 있는 털북숭이 마이크와 헤드폰을 나눠주셨다. 헤드폰을 마이크에 연결하고 귀에 썼다. 그리고 바로 앞의 슬도 바다를 향해 마이크를 갖다 대자 부서지는 파도 소리가 선명하게 들려왔다. 곧장 같이 간 D형에게 말했다.

"이거 완전 유지태인데요?"

우리는 〈봄날은 간다〉의 주인공이 된 것처럼 헤드폰으로 들리는 소리에 집중하며 걸었다. 바다의 도시 부산에 살고 있지만 눈으로만 바다를 담았을 뿐 소리는 잊고 지냈었다. 비워진 용량만큼의 데시벨이 슬도에서 들려왔다. 걸어서 슬도의 등대에 도착하자 팻말이 걸려있었다. 슬도라는 이름의 유래에 대한 내용이었다. '갯바람과 파도가 구멍 난 바위에 부딪칠 때 거문고 소리가 난다'하여 슬도라고 이름 지어진 것이었다. 참여자들 모두 마이크를 앞으로 내밀고 소리에 귀를 쫑긋 세우며 거문고 소리가 나는 바위 쪽으로 향했다. 여기저기서 끝없이 파도가 바위에 부딪쳤고 맥주 거품 같은 하얀 포말이 만들어졌다. 파도의 진동이 오롯이 귀로 전해졌고 약간의 전율이 일었다. 바다를 타고 바위의 구멍을 스치는 바람의 형태도 소리로써 머릿속에 그려졌다. 한동안 멍하니 그저 듣기만 했다.

출발지 슬도에서부터 종착지 일산해수욕장까지 소리에 집중하며 계속 걸었다. "뚜벅뚜벅" 발자국 소리와 "보삭보삭" 나뭇잎 바스러지는 소리도 선명하게 들려왔다. 중간중간 마을 주민이나 관광객이 헤드폰을 쓰고 걷는 우리를 신기하게 쳐다보기도 했다. 대왕암 공원은 키가 큰 나무들로 우거졌고, 노란 국화들이 꽃향기를 솔솔 풍겨냈다. 대왕암 공원 밑 몽돌이 깔린 바다에서는 파도가 빠져나갈 때 돌이 구르는 소리가 귀엽게 들려왔다. 후다닥 도망치는 말의 발굽 소리 같기도 했다. 청각의 시각화랄까. 푸른 수평선으로 밀려나는 돌멩이 군단이 머릿속에 그려졌다.

무엇보다 제일 신나 있었던 사람은 D형이었다. 나랑 같은 F 감성의 소유자인 그는 소리가 들려주는 감동에 나보다 깊게 심취해 있었다. 혼자서 자주 피식거렸고, 발걸음은 춤추듯 가벼웠다. 그런 형을 보는 게 좋아 그 몰래 자주 그를 찍었다. 남는 건 사진이니까. 형은 때로 먼바다나 상공을 응시하며 한참을 우두커니 서 있기도 했다. 그는 소리를 들으면서 어떤 생각에 빠져 있었을까. 나와 비슷한 사람이라서 아마도 사랑의 과거로 시간 여행을 떠났을지도.

〈봄날은 간다〉에서 상우는 연인과 헤어지고 이전에 함께 녹음했던 소리를 다시 듣는다. 자연의 소리를 채집할 때 옆에서 그녀가 흥얼거렸던 콧소리를. 상우는 이내 깨끗해진 마음을 확인하고 장비를 챙기고선 갈대밭 한복판에서 자연의 소리를 듣는다. 그저 미소를 지으면서. 상우의 표정에 왠지 D형의 표정이 겹쳤다. 형이 지었던 미소는 아련했던 옛 연인과의 추억이 소화되었다는 방증일까. 추억이 시간 속에 보정되어 이제는 쓰리지 않기에 피식거린 걸까. 사실은 나의 마음을 형의 얼굴에 투영했던 걸지도 모르겠다. 웃고 있었던 건 정작 나였던 것 같다.

'사운드 워킹'은 자연의 소리를 온전히 느끼고 마음속 잡음을 잊게 되는 시간을 선물한다고 했다. 파도가 바위에 힘차게 부딪쳐 하얀 포말로 부서질 때 마음이 시원해졌던 건 파도에 마음속 잡음을 실어 보냈기 때문일까. 마음이 예전처럼 일렁이지 않았고 호수처럼 잔잔해졌다. 길었던 파동이 마침내 끝났음을. 파도의 소리로 나는 느낄 수 있었다.

프로그램이 끝나고 주차장까지 걸어가는 길, 어판장 바다 위로 노을이 걸려 있었다. 우리는 텔레파시라도 주고받은 것처럼 동시에 멈춰 서서 지는 해를 바라봤다. 반쪽짜리 주황빛 석양이 물결에 비쳐 포근한 원이 되어 점차 작아지고 있었다.

달콤 씁쓸한 크리스마스

메리 크리스마스.

크리스마스는 고독이 선명해지는 날이다. 음원 사이트 차트는 온갖 캐럴로 도배되어 있다. 인터넷 포털에는 산타 할아버지가 떡하니 자리를 차지하고 있다. 오늘이 크리스마스임을 체감할 수밖에 없다. 친구 H와 나는 오늘이 쓸쓸하게 흘러가지 않도록 새끼손가락을 걸었다. 저녁 7시, 우리는 웰컴 드링크를 제공한다는 대연동 어느 펍에서 만나기로 했다. 뜨거운 열기의 파도 속에 그저 몸을 던져 보고 싶었다. 부목처럼 신나게 휩쓸려 다니다 보면 고

독을 잊은 채 크리스마스가 지나갈 테니까.

H에게서 카톡이 왔다. 생각보다 일찍 도착했다며 펍에 자리를 잡아 놓겠다고 했다. 지하철에서 내리자마자 조금은 빠른 걸음으로 개찰구를 나섰다. 지하철 역사에는 구세군 종소리가 딸랑딸랑 울려 퍼지고 있었다. 어디서나 울려 퍼지는 캐럴과 상점에 걸려 있는 트리는 강렬하게 크리스마스임을 알려 왔다.

어릴 적에는 크리스마스를 가장 좋아했다. 밤톨 머리의 아이일 때, 한 해 중 가장 설레는 날이 크리스마스였다. 아침이면 산타가 다녀간 흔적을 느낄 수 있었다. 머리맡에 소복이 놓인 산타 양말 속에는 건담과 아톰 같은 장난감이 들어 있었다. 눈발이 휘몰아치는 툰드라에서 밤새 루돌프를 이끌고 이 먼 곳으로 산타가 다녀간 걸까. 알고 있었다. 산타는 부모님이라는 것을. 어려운 형편이었지만 부모님은 선물을 잊지 않았다. 구세군 종소리에 빠져들다 보니 나도 모르게 지난날의 크리스마스를 곱씹고 있었다. 그때의 크리스마스와 지금의 크리스마스는….

딴생각에 잠길 때면 발걸음도 빨라지나 보다. 어느덧 펍 앞에 다다랐고 문을 열자 어두컴컴한 실내에서 강렬한 사운드가 울려 퍼지고 있었다. 마치 사람들의 열기로 폭발할 것만 같은 사운드. 그러나 그에 걸맞지 않게 휑한 인파는 이질적으로 다가왔다. 용감한 몇몇은 열기의 결핍에 아랑곳하지 않으며 그저 일렁이는 파도가 된 듯 DJ의 선곡에 맞춰 흐느적거리고 있었다. 혼자 밥도 먹어 보고 혼자 영화도 봤지만, 이곳의 혼자는 그 무게가 몇 곱절처럼 느껴졌다.

우물쭈물하며 주변을 둘러보니 구석 모서리 테이블에 자리 잡은 H가 보였다. 그는 축구장에서 야구 유니폼을 입은 것처럼 어색해 보였다. 자리에 앉자마자 텔레파시라도 한 듯 서로 말했다.

"야, 여기는 아닌 것 같다. 소주나 한잔 하자."

발 도장 찍었다는 것에 의미를 두자며 짐을 챙기고 서둘러 나왔다. 겨울은 방어가 제철이다. "역시 공격보다는 방어"라는 시답잖은 농담을 하며 인근의 작은 횟집으로 발걸음을 옮겼다. 주방 앞 긴 테이블에 나란히 앉아 방어 2인분에 소주 한 병을 시켰다. 소주잔을 부딪치며 입속으로 한 번에 털어 넣고 방어 한 점을 씹었다. 두툼한 게 식감이 퍽 좋았다. 들이켜는 소주는 생선의 잡내를 말끔히 지워 주었다. 황홀함을 삼 음절로 표현할 수 있다면 이렇게 표현하겠다.

"이거지."

누군가는 서로의 손을 꼭 쥐며 거리를 지나갈 때 우리는 각자의 잔을 꼭 쥐며 연거푸 유리끼리 부딪쳤다. 누군가는 술이 달다고 했다. 오늘 마시는 술은 달지 않았다. 오히려 약처럼 써서 목구멍으로 넘길 때마다 미간이 찌푸려졌다. 직장, 사랑, 이별 같은 쓰디쓴 이야기들만 늘어놓아서 그런 것일까. 약도 쓰면 몸에 좋다는데 아주 쓴 이 이야기들도 몸에 보약이었으면 좋겠다고 생각했다.

H는 최근 이별을 했다. 긴 연애만 해오던 그가 이번에는 짧은 만남으로 헤어졌다고 했다. 찌푸려진 그의 미간은 소주 때문일까 그녀와의 추억 때문일까. 각자의 인연을 주마등처럼 떠올리며 움켜쥔 소주잔을 한동안 바라봤다. 소주의 취기를 빌려 사랑의 고충을 서로가 뒤엉키듯 토로했다.

"사랑하는 마음만으로는 이뤄질 수 없는 게 사랑인 것 같아 슬프다."

"사랑은 낭만이라는데 결혼은 현실이고, 결혼하려면 사랑을 키워나가야 하는데 그 둘은 충돌할 수밖에 없네."

"낭만으로만 아름다운 사랑을 하던 시절도 있었지."

"그랬지."

그래도 혼자 쓸쓸하게 늙어가지는 말자고, 오늘을 도약으로 삼자고, 내년에는 더블데이트를 하자며 새끼손가락을 걸었다.

오늘은 크리스마스. 이제는 산타도 없고 머리맡에 놓인 산타 양말도 없다. 여전히 어디선가는 체온을 뒤섞으며 더 따뜻해지고, 어디선가는 선물을 나누며 더 풍요로워질 테다. 크리스마스는 실재하는 모습으로 어디선가 제 역할을 충실히 하고 있겠지. 창밖에는 오지 않는 눈이 내리고 있다. 실재하지 않는 가상의 눈이다. 누군가의 발자국이 움푹 파여 있다. 각자의 발자국일까, 나란히 곁을 걷는 두 사람의 발자국일까. 두 사람의 발자국이라면 사랑하는 사람과 걸은 자국이었으면 좋겠다. 언젠가는 실재하는 너와 나의 자국들로 꾹 남았으면 좋겠다. 크리스마스의 어두운 밤은 짙어져 가고, 초록 소주병은 계속 쌓이고 있었다.

따뜻한 소란

백희성 작가의 소설 《빛이 이끄는 곳으로》를 읽고 독서 모임을 한 날이었다. 건축가인 작가가 건축물을 소재로 이야기를 풀어내는 소설이라 자연스레 건축물과 공간에 대한 이야기가 주제로 던져졌다. 그중에 계속 곱씹게 되는 주제가 있었다.

"내가 원하는 집은 어떤 모습인가요?"

편의시설이 잘 갖춰진 신축 아파트, 나만의 단독주택 등 주로 형태에 관한 이야기들이 오고 갔다. 나는 다소 엉

뚱한 생각이 들었다. 그리고 이렇게 말했다.

"저는 따뜻한 소란이 존재하는 집이었으면 좋겠어요."

 스무 살 때부터 자취를 시작했다. 재수학원을 다니며 전포동 달동네 원룸에서 자취했고, 대학생 때는 주로 기숙사에서 지냈다. 사회인이 되고도 부산에서 혼자 살고 있으니, 독립생활이 어언 10년이 넘었다. 나만의 시간과 공간으로 물든 세월이 오래여서일까. 이제는 본가에서 며칠 묵을 때도 마냥 편하지만은 않다.

 혼자 지내는 지금의 생활이 너무나 안온하다. 적막이 곧 평화의 상징이라 생각했다. 눈치와 간섭이 없다는 뜻이니까. 적막은 타인의 생활 소음이 제거된 진공 상태다. 그로부터 파생된 고독은 어쩔 수 없는 것이라고 여겼다. 등가교환, 무언가를 얻기 위해선 동등한 대가의 무언가를 희생해야 하는 법인 것처럼.

 그런데 이 평화가 선명히 외로워지기 시작했다. 마음이 눈에 들어오기 시작한 건 작년 12월부터였다. 독서 모임에서 연말에 한 번 '책인싸의 밤'이라는 파티를 한다. 50명 정도 되는 사람들이 책이라는 공통점으로 모여 3시간

가량 게임도 하고 술도 마시며 한 해를 마무리하는 멋진 행사다. 작년 연말에도 '반주로 노래 맞히기'나 '문장으로 책 맞히기' 같은 게임을 하고, '키워드 연말정산'과 내년 '버킷리스트'를 얘기해 보는 시간을 가졌다.

행사가 끝나고 아쉬움 가득한 이들이 한데 모여서 새벽 늦은 시간까지 술을 마시며 송년회를 보냈다. 그렇게 왁자지껄 사람들 틈에 섞여 있다가 혼자서 집으로 돌아가는 어둑한 길에 공허함이 밀려왔다. 마치 빠져나간 썰물처럼 휑한 마음이었다. 집에 다다라 문을 열고 들어서자 늘 있던 적막이 반겨주었다. 익숙한 고요함. 당연해서 너무 슬퍼졌다.

〈패밀리맨〉이라는 영화가 있다. 매년 겨울마다 보고 또 보는 영화다. 성공한 벤처 기업가이자 플레이보이 잭이 크리스마스에 이상한 일에 휘말리고서 눈을 뜨고 나니 새로운 삶을 경험하게 되는 이야기다. 뉴욕 한복판에서 잘 나가는 벤처 기업가였던 그는 하루아침에 변두리의 타이어 세일즈맨으로 변해 있었다. 그리고 첫사랑이었던 케이트와 처음 보는 두 아이 그리고 큰 개에 둘러싸인 한 가정의 남편이자 아버지가 되어 있는 것 아닌가. 아내는 가끔 편잔을 주고, 아이는 울고, 개는 산책을 시켜주어야 하는 일상의 소란들. 현실을 부정하며 달아나려고 했던 그가 점차 소란들에 마음을 열게 되는데….

잭이 성공 가도를 달려왔던 원래 삶의 층위 지하에는 공허함과 외로움이 가득 차 있지 않았을까. 그 지하의 높이가 지상보다 높았을지도. 이 영화를 해마다 보는 심층적 이유는 나도 잭을 닮아서, 사실은 고독과 외로움에 몸서리치고 있었기 때문일 것이다.

언젠가 문을 열고 들어섰을 때 따뜻한 소란이 반겨주었으면. 때로는 아내에게 혼이 나고, 아이가 울 수도 있고, 기르는 강아지가 짖을 수도 있지만. 그럼에도 그 소란들이 적막을 재워줬으면. 나는 마침내 적막보다는 소란을 좋아하는 사람이니까.

오겡끼데스까

 겨울을 좋아한다. 목을 감싸는 폴라 니트의 캐시미어 감촉과 코트의 푼더분함이 좋고, 앙상한 가로수길에서 풍겨 나오는 달콤한 붕어빵 냄새도 좋다. 여기서 붕어빵이란 슈크림이 아니라 팥을 듬뿍 밴 녀석을 말한다. 겨울은 영화를 보기 좋은 계절이다. 얇은 담요를 무릎에 덮고 달짝지근한 코코아가 담긴 머그잔에 손을 포갠 채 영화를 보곤 한다. 하이얀 눈으로 뒤덮인, 스크린 너머 겨울임을 느낄 수 있는 영화면 더욱 좋다.

 겨울의 눈은 차가운 표면과는 별개로 나에겐 따뜻하고 낭만적인 존재다. 뭐랄까, 벽난로가 훈훈히 집안을 데우고 오붓하게 칠면조를 구워 먹는 가족들의 정겨움이 그려진다고 할까.

"오겡끼데스까"

영화 제목은 몰라도 대사는 들어봤을 법한 영화 〈러브레터〉는 겨울이라는 계절감을 가득 채우고 있다. 눈이 내리지 않는 부산에 살고 있어서, 눈으로 가득 차 있는 〈러브레터〉를 겨울마다 다시 보곤 한다. 소복소복 눈으로 뒤덮인 오타루라는 도시가 좋고, 발걸음마다 들리는 사박사박함이 좋다.

〈러브레터〉의 내용은 이렇다. 결혼을 앞두고 죽어버린 남자 친구 후지이 이츠키를 못 잊고 지내는 와타나베 히로코가 그의 학창 시절 동명이인의 여자 동급생이었던 후지이 이츠키와 우연히 편지를 주고받으면서 벌어지는 이야기다. 영화의 후반부에 이르러서 히로코는 죽은 이츠키를 마음속에서 보내주기로 한다. 말 중에 가장 슬픈 말은 전하지 못한 말이라는데. 그래서일까 히로코는 확성기처럼 두 손을 입에 가져다 댄 채 외친다. 설산에서 저 구름

너머까지 들리도록, 목이 갈라지도록, 돌아오는 메아리 소리의 배가 되도록, 상대에게 반드시 전해지도록 수없이 외쳤다.

"오겡끼데스까"
(잘 지내나요)
"와타시와 겡끼데스"
(나는 잘 지내요)

히로코가 그토록 전하고 싶었던 말은 당신의 안부와 자신의 안부였다.

나도 히로코처럼 큰 메아리로 건네고 싶은 안부가 있다. 전하지 못한 채 이정표를 잃고 가슴 속에서만 표류하는 말들이 있다. 몇 해 전에 외할아버지가 췌장암으로 갑작스럽게 돌아가셨다. 교육자 출신인 할아버지는 연세가 여든을 넘어서도 늘 엄격한 존재였다. 젊으셨을 적에는 더 무서웠다고 한다. 나의 어머니가 대학생일 무렵, 머리 몇 가닥을 노랗게 물들인 적이 있었는데, 눈에 띄자마자 그 자리가 싹둑 잘려 나갔다고 한다.

할아버지는 새해가 되면 손주들에게 당부하실 말씀을

손수 A4용지 한 장에 적어 오셨다. 심지어 식사 자리에서 직접 읊어주셨는데, 벌을 받는 것처럼 조용히 듣고 있으면 숟가락을 뜨면서 편하게 들으라고 하셨다. 시골 할아버지처럼 푸근한 사람은 아니셨지만, 자신만의 엄격함으로 애정과 사랑을 표현하는 사람이셨다.

그래서일까 오래도록 정정하실 줄 알았는데, 병마와 싸움을 벌이는 할아버지의 모습이 무척 낯설었다. 팔은 가늘어지고 몸의 곳곳에는 주삿바늘이 남긴 멍이 가득했다. 내겐 어렵기만 했던 할아버지라서 "사랑합니다"라는 말조차 꺼내지 못했다. 전하지 않은 말은 이젠 못할 말로 모습을 바꿔 사라지지 않는 형벌이 되어 후회 가득 가슴속에 남아 있다.

전하지 않는 사람이 있고 전할 수 없는 사람이 있다. 전하지 않는 사람이 전할 수 없는 사람이 되기 전에 남은 생애 동안 마음을 자주 건네야겠다. 포항에 계신 부모님과 부산에 있는 나의 거리를 전화 한 통으로 조금씩 좁혀야지. 타지에서 지내는 친구들에게는 별일 없냐고 시시콜콜한 이야기를 꺼내야겠다. 사랑하는 사람이 생긴다면 매일 처음처럼 사랑을 고백해야지. 그들과 나 사이에 전하지 못한 후회가 싹트지 않도록 최선을 다하고 싶다.

유달리 몽글했던 이번 겨울도 늘 그렇듯 지나갈 테다. 또 새로운 겨울이 찾아오겠지. 인연도 그렇다. 학교, 군대, 직장 등을 거치면서 수많은 사람들과 만나고 헤어졌다. 또 보자는 지키지 못할 무수한 말들만 건넨 채 말이다. 사람들과만 헤어진 것이 아니다. 매일 밟던 등굣길과 매일 가던 분식집과도 헤어졌다. 구룡포 초등학교 앞의 분식집 떡꼬치는 아직도 아른거릴 정도다. 어른이 되는 것은 헤어짐에 익숙해지는 과정일까. 헤어진 모든 것에게 전하고 싶다.

"오겡끼데스까"
"와타시와 겡끼데스"

옆에 있는 내 사람들에게도 다시 한 번 전해야겠다.

"오겡끼데스까"
"와타시와 겡끼데스"

에필로그: 나빌레라

올해, 완주라는 경험을 많이 했습니다. 먼 거리를 걷기도 했고 달리기도 했습니다. 그리고 《고 이즈 러브》라는 집필의 여정을 마침내 완주하게 되었습니다.

글을 쓰면서 파묻혀 있었던 감정과 기억 그리고 사람이 연꽃처럼 피어올랐습니다. 지금의 저는 너무나 충만하고 감사한 마음이 잔뜩입니다. 마음속 예쁜 연못을 가지게 되었으니까요.

30대가 되면 인생이 한없이 무거워지기만 할 줄 알았

습니다. 그런 편견을 깨뜨리게 도와준 '베이트리 북클럽'에 감사합니다. 정말 좋은 책들을 읽었고, 너무 멋진 사람들을 만났습니다. 덕분에 여전히 춤추듯 하루를 보내고 있습니다. 이 춤사위도 언젠가 끝이 나는 때가 오겠지요. 그때까지 나빌레라, 나비처럼 춤추며 살아가고 싶습니다.

인생의 큰 산을 오르고 있는 동생 민이에게도,
항상 응원하고 사랑한다는 말을 전합니다.

고 이즈 러브

ⓒ 훈재 2024

초판 1쇄 발행 2024년 12월 20일

지은이 | 훈재
표지사진 | 이성웅
전자우편 | goislov7@gmail.com
인스타그램 | @writer_hj7

발행처 | 인디펍
발행인 | 민승원
출판등록 | 2019년 01월 28일 제2019-8호
전자우편 | cs@indiepub.kr
대표전화 | 070-8848-8004
팩스 | 0303-3444-7982
ISBN | 979-11-6756650-8 (03810)

* 이 책은 저작권법에 따라 보호받는 저작물이므로 무단 전제와 복제를 금합니다. 책값은 뒤표지에 있습니다.